AF403649

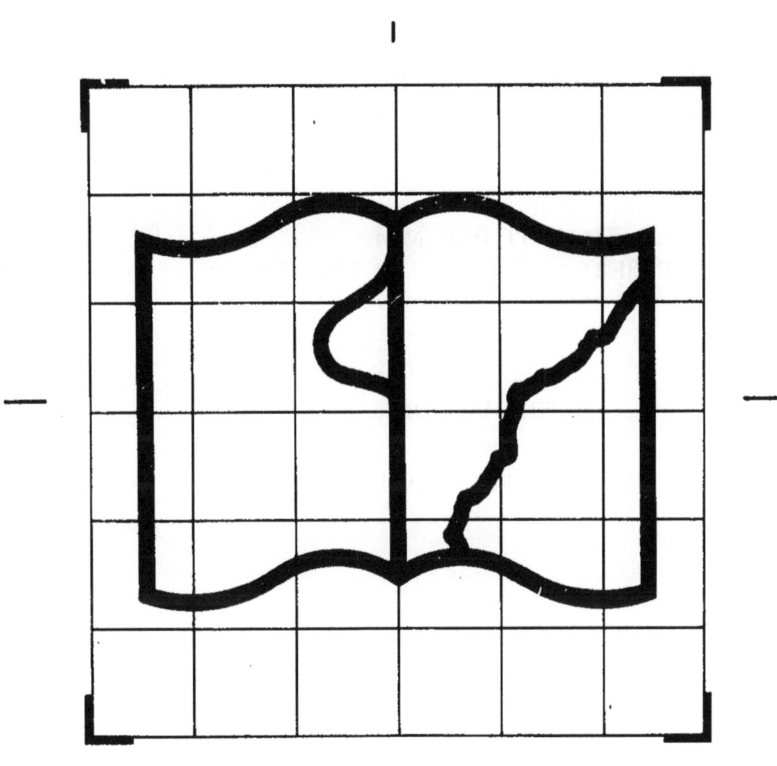

LE FACTEUR HUMAIN

DANS

L'ORGANISATION DU TRAVAIL

PAR

James HARTNESS, M. E., M. A.

ANCIEN PRÉSIDENT DE L'AMERICAN SOCIETY OF MECHANICAL ENGINEERS

TRADUIT PAR MM.

Henri PERROT	Ch. de FRÉMINVILLE
Ingénieur A. et M. (Châlons 99-02)	Ingénieur des Arts et Manufactures

---

INTRODUCTION

PAR

M. Ch. de FRÉMINVILLE

Nouveau tirage

PARIS

H. DUNOD et E. PINAT, ÉDITEURS

47 ET 49, QUAI DES GRANDS-AUGUSTINS

1918

LE FACTEUR HUMAIN

DANS

L'ORGANISATION DU TRAVAIL

PUBLICATION DE LA

REVUE DE MÉTALLURGIE

Vol. XII, Septembre 1915

JAMES HARTNESS

LE FACTEUR HUMAIN

DANS

L'ORGANISATION DU TRAVAIL

PAR

James HARTNESS, M. E., M. A.

ANCIEN PRÉSIDENT DE L'AMERICAN SOCIETY OF MECHANICAL ENGINEERS

———

TRADUIT PAR MM.

Henri PERROT
Ingénieur A. et M. (Châlons 99-02)

CH. DE FRÉMINVILLE
Ingénieur des Arts et Manufactures

———

INTRODUCTION

PAR

M. CH. DE FRÉMINVILLE

———

Nouveau tirage

———

PARIS

H. DUNOD ET E. PINAT, ÉDITEURS

47 ET 49, QUAI DES GRANDS-AUGUSTINS

———

1918

LE FACTEUR HUMAIN
DANS L'ORGANISATION DU TRAVAIL

TRADUCTION
DE MM. H. PERROT ET CH. DE FRÉMINVILLE [1]

INTRODUCTION

PAR M. CH. DE FRÉMINVILLE

La bonne utilisation de toutes les ressources, de toutes
les forces et de toutes les énergies doit, maintenant plus que
jamais, tenir la première place dans nos préoccupations,
car c'est elle qui doit fournir les armes nécessaires pour
terminer la lutte et c'est elle aussi qui permettra de relever

---

[1]. C'est à M. H. Perrot que revient le mérite d'avoir pris l'initiative de
cette traduction. Les idées et les conseils contenus dans le livre de M. James
Hartness lui ayant paru convenir à notre mentalité française, il s'était mis
résolument à l'œuvre. Mais il entreprenait une tâche particulièrement difficile, car M. Hartness, dans son désir de condenser les idées qui se présentent
à lui en foule, se sert souvent d'expressions et de tournures qui, n'ayant pas
d'équivalent en français, embarrassent beaucoup le traducteur s'il n'ose
prendre sur lui de s'écarter de la traduction littérale. M. Hartness, avec qui
je suis heureux d'entretenir les relations les plus cordiales, a bien voulu, en
me faisant l'honneur de me demander de présenter son livre au public français, me donner toute latitude pour faire à la traduction les retouches nécessaires, et c'est ainsi que j'ai eu le plaisir de collaborer à ce travail.

C. F.

1

les ruines et de donner à l'Industrie un essor nouveau. Or, cette bonne utilisation du travail étant précisément le but cherché par ce « Système Taylor » dont on a tant parlé dans ces dernières années, et qui paraît si plein de promesses, il est tout naturel d'y revenir encore.

Tout le monde sait combien le grand mouvement de direction scientifique du travail créé par Frederick W. Taylor a excité l'intérêt du monde industriel, des économistes et même des philosophes. Mais s'il a été exalté sans mesure, il a aussi été très critiqué, et on ne peut pas dire qu'il soit encore parfaitement compris de tous ceux qui pourraient en tirer parti. Chez les admirateurs comme chez les critiques, on ne trouve souvent qu'une compréhension très superficielle de ce qui fait l'essence même des nouvelles méthodes, et, par contre, une grande ignorance du monde du travail. Beaucoup aimeraient à entendre dire, par un industriel qui ne fut pas l'inventeur d'un système, comment les nouvelles idées peuvent s'accorder avec la mentalité et les besoins de l'ouvrier. C'est ce que fait l'auteur du « Facteur Humain ».

Un esprit aussi indépendant que celui de James Hartness devait tout naturellement se ranger du côté de la critique ; mais sa critique, qui est au fond celle d'un admirateur, est de plus, celle d'un homme de la plus haute compétence, doué d'un esprit éminemment scientifique et philosophique. Constructeur de machines-outils d'une ingéniosité et d'une habileté incontestées, astronome à ses moments perdus, James Hartness a longuement médité dans l'atelier sur tous les problèmes de l'Industrie. Enfin, il a toujours vécu en contact avec l'ouvrier qu'il comprend parfaitement et pour lequel il a une sympathie sincère dépourvue de toute affectation. La critique émanant d'un esprit aussi calme et aussi pondéré, loin de diminuer l'œuvre, constitue en quelque sorte, une adaptation qui la rend plus facilement accessible.

Empruntant une image au milieu qui lui est le plus familier, James Hartness résume l'idée dominante de son livre en disant :

« Voulez-vous faire une bonne machine ? Commencez par bien connaître celui qui doit s'en servir. »

L'énoncé d'un pareil principe nous transporte déjà loin de la conception de cette machine si parfaite qu'elle peut être conduite par n'importe qui; de cette machine dont l'homme n'est qu'un accessoire insignifiant, sinon un esclave.

Pour James Hartness, l'homme qui se sert de la machine est un collaborateur, souvent un juge, qui a droit à toute son attention, et, avec son optimisme naturel, il constate que « cet homme, comme les autres, est toujours un bon diable pour qui sait le comprendre ».

L'auteur ne se contente pas d'avoir fait cette découverte, il aborde résolument l'étude de la psychologie du travailleur et s'attache tout particulièrement à l' « habitude » qui joue un rôle si important dans toutes nos actions ; l'habitude qui nous permet de ménager nos forces et de surmonter les difficultés, qui nous permet d'emmagasiner l'énergie comme le fait le volant d'une machine.

Les « Forces d'Inertie » que l'ingénieur rencontre à chaque instant dans l'étude des machines, se retrouvent chez l'ouvrier comme chez celui qui le dirige. Elles résident dans les habitudes de travail qui se sont implantées dans l'atelier ou dans le bureau. L'homme qui veut changer instantanément ces habitudes est aussi insensé que celui qui voudrait arrêter net le volant d'une machine en mouvement, et celui qui ne se préoccupe pas de l'édification de l'habitude n'est pas moins imprévoyant. Voilà ce dont il faut tenir compte pour appliquer avec fruit les nouvelles méthodes.

L'habitude doit être cultivée, et ce n'est pas l'homme absorbé dans l'exécution de sa tâche journalière qui peut, si intelligent qu'il soit, discerner les modifications qu'il serait utile d'apporter dans sa manière d'exécuter le travail, dans ses habitudes ; car personne ne peut, en même temps, faire travailler ses muscles et son cerveau. Cette étude doit être faite par un observateur qui n'ait pas d'autre préoccupation. C'est là l'esprit du « Système Taylor ».

James Hartness n'étudie pas seulement le travail manuel proprement dit. Son livre, composé en réunissant des conférences faites aux élèves des grandes Écoles Techniques, contient, pour ces derniers, les conseils les plus pratiques. C'est aux jeunes ingénieurs que l'auteur s'adresse le plus volontiers, mais, bien qu'il s'efforce de se limiter aux machines et aux ateliers, il lui arrive à chaque instant d'élargir son horizon et de parler par-dessus la tête de ses auditeurs pour atteindre beaucoup plus loin.

James Hartness fait aux jeunes gens un tableau saisissant des difficultés qu'ils vont rencontrer quand ils seront invités à prendre le crayon dans le bureau de dessin, et il leur donne un premier conseil que beaucoup pourront retenir : « Si vous voulez faire un bon projet, apprenez, avant tout, à bien effacer. » Il est en effet indispensable pour dessiner une bonne machine, d'être toujours prêt à remanier son étude de fond en comble, à mesure qu'elle prend une forme et qu'on en comprend mieux l'économie. Du reste, l'ingénieur ne doit pas seulement faire accorder les principes de la mécanique avec la mentalité d'un ouvrier plus ou moins intelligent, il faut aussi qu'il tienne compte du « monde » dans lequel la machine doit faire son chemin, de l'atelier dans lequel elle sera construite, de l'atelier où elle sera employée, du marché sur lequel elle sera vendue, enfin, de l'« affaire » qui la prendra en mains et dont les conditions financières ont une importance capitale que les ingénieurs n'ont que trop tendance à perdre de vue. L'inventeur, l'ingénieur, l'ouvrier, le comptable, le constructeur, le vendeur, l'acheteur, le financier, chacun voit sous un angle différent et J. Hartness nous fait assister d'une façon vivante au conflit inextricable qui en résulte, dont la solution doit être fixée sur la planche à dessin.

Cette solution ne sera jamais parfaite. La meilleure machine aura ses défauts. Elle ne donnera jamais satisfaction à tout le monde et sera toujours critiquée. La longue expérience d'Hartness lui fait dire : « La seule machine parfaite est celle qui n'a pas encore servi, et l'ingénieur qui ne sait pas quel est le défaut de sa machine la connaît bien mal. » Du reste, la machine fut-elle créée parfaite, elle ne le resterait pas longtemps, car tout change autour d'elle, et le temps pendant lequel elle répond réellement aux besoins qui l'ont fait créer est forcément très limité.

Quel que soit le domaine de son activité, l'homme ne dispose que de moyens imparfaits et ne peut produire une œuvre sans défaut. Il faut savoir s'y résigner quand le moment d'agir est venu, et, ce qui est plus difficile, le faire accepter. C'est la loi de l'action et de la production, c'est la loi du progrès. Le plus grand ingénieur, comme le plus habile général, doit s'y soumettre, laissant le politicien stérile se consumer en vains efforts pour établir la formule idéale qui assurera d'elle-même le bonheur de l'Humanité, ou le rêveur béat s'endormir dans la contemplation d'idées qu'il croit géniales.

Quand ont paru les travaux de Taylor, mettant en lumière les avantages qu'on peut réaliser en poussant l'organisation du travail bien plus loin qu'on ne l'avait fait jusque-là, beaucoup ont dit : « Une pareille réglementation des moindres gestes d'un homme peut être bonne pour des Américains, mais elle serait inacceptable en France. Le Français a une horreur instinctive de l'obéissance passive ; il ne veut pas être incorporé dans une grande machine, si puissante soit-elle, pour n'y être qu'un rouage inconscient. L'ouvrier français sait que la France a été faite avec le concours de tous ses enfants et que les idées et les inventions ingénieuses y ont germé dans tous les milieux. Il pense que son rôle n'est pas terminé et que son originalité doit être respectée. »

Mais, précisément, l'Américain a, sous ce rapport, exactement la même mentalité que le Français. Il n'est aucunement disposé à faire abandon de sa personnalité. Il exagère même souvent et on a pu dire qu'il était extrêmement indiscipliné.

Toutefois, l'Américain possède un caractère distinctif très net qui mérite qu'on s'y arrête : il s'étudie et s'observe constamment pour tirer le meilleur parti possible de ses ressources personnelles. Toujours préoccupé de ne faire que ce qu'il peut bien faire, il circonscrit son domaine et, s'il lui en faut sortir, il se fait guider par un autre, il prend un pilote. Il évite aussi soigneusement toute préoccupation et toute fatigue étrangère au but qu'il poursuit.

Nos « débrouillards » ont souvent souri de cette réserve et surtout de l'intervention continuelle du « manager », et cependant, les « sports », « école de débrouillage », ont adopté le « manager », chez nous comme chez les Américains.

En un mot, l'Américain a une tendance très marquée à s'organiser lui-même pour augmenter son rendement personnel et se rendre plus indépendant, et l'on peut dire que le « système Taylor », malgré les critiques passionnées auxquelles il a donné lieu, en Amérique même, est bien un développement de la personnalité américaine, qu'on n'accusera pas de ne pas savoir s'affirmer.

* *

Il est évident pour tout le monde que les opérations de l'industrie sont devenues tellement complexes, que l'organisation méthodique du travail s'impose plus que jamais. Nous ne pouvons continuer à compter uniquement sur notre aptitude, peut-être exceptionnelle, à nous tirer d'affaire, à improviser. Il faut que nous soumettions nos efforts à une direction, qu'on pourra appeler scientifique ou simplement méthodique. Il s'agit de la bien choisir. Cette direction peut être imposée par un pouvoir despotique, ou prendre son point d'appui sur le développement intelligent de la personnalité de chacun. D'un côté, nous avons la « Kultur », qui nous est et nous sera toujours antipathique, de l'autre, nous avons l'idéal que l'Angleterre a poursuivi, pendant des siècles et qui s'est accentué aux États-Unis d'une façon extrêmement intéressante. De ce côté, nous pouvons, sans nous abaisser, concevoir la possibilité d'une entente et même l'utilité d'une alliance, car nous y trouvons un idéal qui s'accorde avec nos aspirations. Le développement de la vie industrielle, et même de la vie nationale, basé sur le développement intelligent de la personnalité, est bien l'idéal qui peut le mieux guider nos efforts et les rendre féconds, tout en respectant les qualités de notre race.

Juillet 1915.

CH. DE FRÉMINVILLE.

L'ouvrage de M. James Hartness a été composé, comme nous l'avons dit plus haut, en réunissant plusieurs conférences. C'est la raison pour laquelle il contient quelques redites. L'auteur nous engageait vivement à les supprimer. Nous n'avons pas voulu nous lancer dans cette voie, pensant qu'il était préférable de respecter, autant que possible, la forme originale sous laquelle James Hartness expose ses idées, que le lecteur appréciera certainement.

AVANT-PROPOS

Ce livre est un essai d'exposé de quelques-uns des principes essentiels de l'économie industrielle. L'utilisation rationnelle de l'être humain et, en particulier, les diverses manières d'employer les facultés mentales ou physiques, y occupent la première place.

On y étudie surtout la manière d'utiliser le travail, non seulement pour permettre à l'ouvrier ou à l'homme de bureau d'obtenir les meilleurs résultats avec le minimum de fatigue, mais aussi pour assurer la prospérité de l'usine, de l'industrie cu de la nation.

La valeur de l'habitude y est mise en relief d'une façon toute spéciale. Car si l'habitude assure la continuité des résultats acquis, elle est aussi, en elle-même, un moyen dont on peut facilement faire usage pour la réalisation du progrès.

En atteignant la conclusion d'un livre touchant à des questions aussi variées, on a le sentiment que le sujet n'a été traité que d'une façon bien incomplète.

Il ne peut pas en être autrement.

Mieux vaut encore apporter dès à présent sa faible obole que d'attendre plus longtemps dans l'espoir de pouvoir disposer d'une plus grosse somme.

Le lecteur trouvera, sans doute, que les citations d'exemples précis à l'appui des théories, doctrines ou lois exposées, manquent d'une façon lamentable; mais comme ces exemples se présenteront certainement à la mémoire de toute per-

sonne qui aura saisi l'esprit du livre, ce défaut n'est peut-
être pas bien grand.

L'auteur s'est surtout proposé de planter un jalon, auquel
on puisse se reporter pour apprécier la valeur des différentes idées émises sur la conduite des usines, qu'il s'agisse
de juger un projet de modification ordinaire, comme il s'en
présente tous les jours, ou de dégager le caractère véritable
de quelques-uns des grands systèmes de direction des usines.
En d'autres termes, il s'efforce d'aider le lecteur à se faire
une opinion, et il n'a pas la prétention d'ajouter quoi que
ce soit aux excellents systèmes qui ont été exposés dans
d'autres travaux.

PREMIÈRE PARTIE

LA VALEUR DE L'HABITUDE

I

L'Habitude.

Pour apprécier l'habitude à sa valeur, il suffit de se rendre compte que c'est grâce à elle que l'homme pense et agit le plus efficacement.

L'habitude, telle que nous l'entendons, n'est autre chose que ce qu'on désigne ordinairement sous les noms d'usage, de mode ou de pratique. Elle résulte de la répétition d'un acte mental ou physique, ou des deux. Dans l'acquisition de l'habitude, l'esprit et le corps peuvent intervenir plus ou moins indépendamment l'un de l'autre ou, au contraire, collaborer.

Le procédé le plus favorable à la création de l'habitude, le procédé idéal, comporte une impulsion donnée par l'esprit, mais on peut aussi faire naître des habitudes par simple répétition. C'est l'effet que produisent tout naturellement les contacts que nous subissons dans les affaires ou dans les ateliers. Ainsi, des travaux d'écriture, qui cependant ne présentent que bien peu ou même pas du tout d'intérêt pour l'homme qui les fait, peuvent créer une certaine habitude d'esprit. Ces occupations n'éveillent pas l'attention accompagnée d'intérêt, si essentielle pour le travail intellectuel d'ordre élevé, mais elles ne créent pas moins une habitude efficace, et agissent sans apporter une gêne sensible aux pensées qu'on peut avoir sur d'autres sujets.

Édison, dans sa biographie, nous donne un exemple qui est devenu classique, des particularités du rôle de l'habitude dans le travail de l'esprit et dans le travail du corps : l'exemple des télégraphistes de Nashville apprenant l'assassinat de Lincoln par les cris du gamin qui vendait les journaux dans la rue, bien que la nouvelle ait été transmise au journal par ce bureau même.

Nous n'avons pas la prétention de traiter ce sujet d'une façon complète, nous ne ferons ici qu'exposer des idées, dans l'espoir de faire prendre en plus sérieuse considération qu'il ne l'est actuellement, ce principe de la force de l'habitude, d'une si grande valeur économique, qui ne devrait jamais être perdu de vue dans tous les projets que l'on fait pour réaliser des améliorations, des progrès ou des bénéfices. Il se peut que ce soit là le « Missing Link » dont le besoin paraît se faire sentir pour relier au monde industriel tel qu'il existe, quelques-uns des nouveaux systèmes de direction des usines.

Subdivision du Travail et Spécialisation.

Subdivision du travail et spécialisation, ces mots résument toute la méthode moderne. La spécialisation joue un rôle si important dans le monde économique qu'on peut dire que le succès n'y est obtenu que par une division aussi complète que possible du travail. par la répétition des pensées ou des gestes, répétition poussée jusqu'au point où l'individu qui s'y soumet éprouve le plus grand « confort », le plus grand bien-être mental ou physique.

L'action bienfaisante de la répétition ne se manifeste pas

de la même manière pour tout le monde. Chez l'homme à tout faire, qui ne sait aucun métier, et chez l'agité qui change continuellement d'idée, elle se fait sentir lentement et seulement pour des actes d'une extrême simplicité. Chez presque tous les hommes qui contribuent d'une façon notable aux progrès de l'humanité, cette action se manifeste promptement, même dans des opérations très compliquées. Les idées reçues, l'influence du milieu contribuent à placer plus haut ou plus bas le point où l'on aperçoit le résultat produit par la répétition, mais le nombre des répétitions nécessaires pour qu'un travail donné devienne facile, peut toujours servir de mesure à l'aptitude de l'homme.

La répétition, d'où naît l'habitude, est absolument nécessaire aujourd'hui pour assurer le succès dans le monde. Il en sera de plus en plus ainsi et l'on ne doit plus tolérer le vagabondage de l'esprit ni du corps. Bien que la répétition dans le travail ait été condamnée bien des fois, elle n'est cependant pas dégradante en elle-même. C'est au contraire le meilleur moyen de développer l'application.

L'homme d'affaires, l'inventeur ou le directeur d'usine, doivent ramener continuellement leurs pensées dans une direction donnée. On ne doit pas tolérer que l'esprit s'égare, quelle que soit son activité, en travaillant par des procédés défectueux. Les hommes ne doivent pas être des vagabonds intellectuels. La pensée doit se reporter constamment au travail journalier. A l'atelier, l'esprit et le corps de chaque homme doivent recevoir l'emploi le plus efficace.

La subdivision du travail doit être aussi complète que possible, et conduite de façon que chaque élément puisse être parfaitement compris. Dans cette subdivision et classification des tâches, il doit y avoir une place pour chaque homme et chaque homme doit être à la place qui lui convient.

La répétition n'est pas forcément dégradante.

Cette doctrine de la formation par la spécialisation et la répétition n'a rien qui soit dégradant pour l'homme. Elle conduit à simplifier le travail de chacun et, par la répétition des opérations, permet à l'homme d'améliorer facilement son rendement dans le travail particulier qui lui incombe. Enfin elle montre clairement combien est inexorable la loi de la suprématie finale de la plus grande organisation dans une industrie donnée, et aussi de la suprématie commerciale et industrielle de l'État ou de la Nation qui favorise ou protège ces organisations. Il n'est pas nécessaire pour l'obtenir de se trouver dans des conditions commerciales spéciales, il suffit que la subdivision la plus complète de toutes les tâches mentales ou physiques ait été réalisée en vue des grands résultats découlant de la répétition des opérations.

Il est possible, dans certaines conditions spéciales de travail, de faire bénéficier des avantages résultant de la répétition des opérations, des organisations relativement petites, mais, que l'organisation soit grande ou petite, les résultats les plus importants sont obtenus par celle dans laquelle chaque opération atteint le nombre de répétitions le plus favorable au bon travail de chaque individu.

Un grand développement de l'organisation n'est donc pas suffisant pour donner la force. Une grande organisation peut être faible si elle exige que chaque employé ou ouvrier connaisse ou exécute une grande variété d'opérations. Mais les exemples de pareilles dispersions des efforts se rencontrent de moins en moins et disparaissent rapidement. Les grandes organisations se spécialisent, et en tant qu'elles le font, sont assurées du succès.

Sous le titre de « *quelques aperçus non techniques de l'étude des machines* », on trouvera un essai d'exposé de l'usage le

plus efficace, qu'un inventeur ou un ingénieur des études
puisse faire de son énergie. On y indique ce qui doit être
considéré comme essentiel dans un projet de machine, et
comment l'inventeur doit conduire son travail. Bien que ce
titre ne puisse s'appliquer qu'à une branche spéciale de
l'industrie, le sujet a une portée beaucoup plus grande, car
les exemples choisis ne sont là que pour faciliter l'exposi-
tion. Ce chapitre est donné sous sa forme primitive de con-
férence faite devant la « Stevens Engineering Society »
composée d'anciens élèves de la « Stevens Institute of
Technology ». L'auteur espère qu'il sera utile, non seulement à l'ingénieur ou à l'inventeur, mais à ceux qui doivent
diriger leurs travaux ou y collaborer.

Le succès dépend plus de l'homme que du système.

Dans le monde industriel, nous devons compter avec
l'instabilité ; il se produit des fluctuations dans la prospérité
de toutes les industries, de toutes les affaires et, malheureusement, de tous les hommes. Nous ne connaissons pas
de système permettant de commander à ces variations.

On rencontre des hommes qui ont également bien réussi
dans toutes les affaires auxquelles ils ont été mêlés. Nous ne
savons pas s'il leur serait possible de faire connaître le procédé qui leur a servi, mais nous savons qu'ils ne le font pas.
Il est bien douteux qu'on puisse mettre ce procédé en formule d'une façon parfaite, tant les variables et les combinaisons qui s'y rapportent sont nombreuses et de natures
différentes.

Est-il bien utile d'insister auprès de l'explorateur pour
qu'il nous dise comment il a atteint le but vers lequel il se
dirigeait? Il lui fallait l'atteindre. Il a peut-être reçu les instructions de quelqu'un qui n'a jamais été là où il a été, et
n'aurait jamais pu y aller. Il a peut-être été guidé par ses

idées personnelles: Mais, dans l'un et l'autre cas, le succès a certainement été dû à la façon dont il a exécuté son plan. En d'autres termes, le succès a pu résulter de l'emploi de méthodes qui lui étaient prop... ou de la façon dont il a interprété les méthodes des autres. Il ne paraît pas que nous puissions arriver à conduire notre barque suivant des règles immuables. La carte des mers industrielles n'est pas encore assez bien faite. Le navigateur doit toujours : *utiliser le juger, en même temps que la sonde, et tirer parti de la chance aussi bien que du lock.* Les travailleurs les plus assidus, les penseurs les plus actifs paraissent être tout aussi exposés au malheur que les personnes qui prennent la vie moins sérieusement.

Malgré l'exactitude de ce qui précède, on peut estimer, non sans raison, que nous approchons du moment où nous serons un peu plus maîtres des conditions économiques, car, si l'enchevêtrement des affaires et la complication des mécanismes ont considérablement augmenté, de grands progrès ont été faits du côté de l'analyse des éléments économiques ; ils ont été groupés, et on en a tiré des déductions permettant à des esprits ordinaires d'aborder la plupart des problèmes industriels. Ce progrès n'a pas été fait trop tôt. Il arrive même tard. Mais il est maintenant réalisé et quelques-uns des meilleurs industriels du pays en sont les promoteurs.

Les systèmes sont des moyens et non des fins.

On ne doit pas croire, cependant, que les situations, les tableaux de chiffres, et les simples déductions qu'on peut en tirer, soient le commencement et la fin de la science industrielle. Ils ne font que coordonner les différentes forces et ne constituent qu'un élément si purement statistique qu'on ne doit pas le considérer comme un moyen de premier ordre. C'est plutôt un moyen secondaire servant à coordonner les moyons principaux. C'est le contrepoids salutaire de tout système de direction dans lequel l'imagination dominerait par trop. Mais dans son rôle de coordonnateur de toutes les autres forces, il doit subir lui-même toute modification nécessaire à son adaptation aux forces vitales.

En essayant de résoudre ces problèmes, nous sommes tout naturellement conduits à étudier toutes sortes d'organisations. Nous trouvons qu'elles présentent toutes des imperfections ; celles qui réussissent le mieux sont rarement complètement exemptes de défauts économiques.

Il se peut qu'on accueille avec indifférence les conseils pressants de l'avocat de tel ou tel système d'amélioration, ou qu'on ne se montre disposé à n'adopter qu'une partie seulement des perfectionnements qu'il préconise, en abandonnant plus ou moins complètement les autres. Ce n'est pas que les éléments dont on néglige de faire usage ne soient appréciés à leur valeur. L'enthousiasme provoqué par une partie de la méthode a seulement conduit à concentrer sur elle toute l'énergie disponible et à négliger le reste.

Le fait d'admettre simplement que chacun des éléments qu'on néglige a une véritable valeur, ne peut cependant servir à rien. Il faut que l'impulsion d'un homme convaincu se fasse sentir partout. La subdivision des responsabilités de la direction peut permettre de tourner la difficulté, mais à la condition que le directeur général ne perde pas de vue l'ensemble de l'organisation et veille à ce que toutes les forces vives se mettent bien d'accord pour concourir à l'obtention du résultat cherché.

En ce moment, beaucoup de personnes s'intéressent vivement au « Scientific Management »[1]. Ce système augmente le rendement d'une organisation en dirigeant par-

____

1. A la direction scientifique des usines.

faitement chaque ouvrier, dans l'accomplissement de ses devoirs. Entre autres choses, il mesure exactement le temps nécessaire à l'exécution de chaque opération et s'en sert comme d'une base pour l'évaluation du temps nécessaire à l'accomplissement d'opérations semblables ou presque semblables. C'est un système méthodique d'intelligente direction du travail, dans lequel on compte plus, pour obtenir le succès, sur une bonne direction du travail que sur l'aptitude de l'ouvrier à imaginer ses propres méthodes, ou le goût qu'il peut avoir à le faire.

Nous ne donnons pas ce qui précède comme une définition exacte du « Scientific Management », mais comme l'expression succincte d'une impression résultant des observations et des études que nous avons faites au sujet de ce système d'une si grande valeur. Ce système comporte, sans doute, l'usage de tous les moyens propres à réaliser le progrès, mais, en pratique, il paraît reposer surtout sur le meilleur usage des procédés connus et ne pas escompter l'invention d'une machinerie nouvelle et merveilleuse. « Le meilleur usage des procédés connus » est une politique à laquelle on devrait donner la première place dans tous les systèmes de direction industrielle. C'est le principe rationnel le plus économique qu'on puisse préconiser. Il répond aux besoins du moment. Il ne constitue pas une barrière au progrès par voie d'invention, et, s'il est intelligemment appliqué, n'exige pas une opposition brutale à la force de l'habitude qu'on rencontre chez les ouvriers.

Si les procédés que le « Scientific Management » trouve en usage, quand il vient s'implanter, ne sont pas d'un aussi bon rendement qu'ils devraient l'être, le « Scientific Management » prévoit, pour la direction des ouvriers, l'introduction de nouveaux procédés. Il n'apporte habituellement que de petits changements dans les procédés, mais il obtient ses meilleurs résultats en donnant aux travailleurs des instructions qui les aident à faire un usage efficace de leur énergie et des moyens connus. S'il n'a pas rencontré un succès plus général, il faut certainement en chercher la raison dans l'inertie de l'habitude chez les ouvriers et ceux qui les dirigent, et c'est sur ce point que nous désirons appeler l'attention dans ce qui suit.

Progrès résultant de l'invention.

Avant d'aborder l'étude des progrès qu'on peut attendre de l'invention, donnons un coup d'œil rapide à quelques-unes des autres « forces » qui peuvent contribuer à augmenter le rendement du capital et du travail.

L'une de ces « forces » réside dans la recherche des améliorations à apporter aux moyens employés.

L'inventeur trouve que c'est la seule qui soit intéressante ; et quand on considère cette force isolément et en elle-même, on trouve qu'elle constitue l'un des objectifs les plus attirants, Pour l'inventeur et le promoteur, elle paraît être la seule route royale qui conduise au succès, car elle n'escompte pas une augmentation de l'effort de l'homme.

Assurément, nous savons qu'elle a de nombreux partisans. Presque tous les industriels sont prêts à faire usage d'une invention nouvelle présentée dans le but de réduire la dépense de production ou d'augmenter la qualité du produit. Cette « force » est si fascinante qu'elle a fait le malheur de plus d'une direction trop entreprenante.

Nous savons que c'est une « force » dont la puissance a beaucoup contribué au progrès et que, sous certain rapport, elle mérite qu'on la prenne en très sérieuse considération avant d'adopter une ligne de conduite, mais ce n'est pas cependant le seul élément à considérer.

La vente du produit.

Parmi les autres facteurs du succès industriel, on doit comprendre tout ce qui affecte la vente ou la demande du produit fabriqué. On estime généralement qu'un sens commercial éveillé est, dans les affaires, un élément de première importance. Il faut, avant tout, donner satisfaction aux demandes et aux besoins du marché. Mais ces derniers sont si nombreux et si complexes, qu'il est difficile à celui dont ils remplissent les préoccupations de ne pas perdre de vue l'économie du côté industriel de l'affaire.

Ainsi, l'absolue nécessité de l'ultra-spécialisation ne parait pas évidente au commerçant, qui ne tient pas toujours assez compte de cette force d'inertie qu'est l'habitude acquise par l'atelier. Le problème des affaires comporte tant d'éléments qu'en l'étudiant on est bien exposé à oublier les nécessités pourtant primordiales de la fabrication.

D'ailleurs, les différents facteurs d'où dépend le succès ne sont pas exactement les mêmes dans toutes les industries.

L'un des éléments, l'une des « forces vitales » auquel on doit attacher le plus d'importance, est la « quantité d'énergie » contenue dans la pratique courante ; l' « inertie » de l'habitude ou de l'usage, ou, tout simplement : « L'Habitude ». Et c'est l'habitude qui fera le thème principal de cet exposé.

Il faut tenir compte de tous les facteurs et l'on doit s'appliquer à coordonner toutes les forces, mais il ne faut pas oublier que toutes paraissent converger vers la force de l'habitude dont, trop souvent, on ne tient pas compte.

II

La valeur de l'habitude.

En faisant usage ici du mot « habitude », nous entendons : un état du corps ou de l'esprit, ou des deux, acquis par la répétition d'un geste ou d'une opération mentale, ou des deux. L'habitude peut être fortifi   ou affaiblie par l'action de la volonté, mais, néanmoin   , so   intensité dépend surtout de la fréquence et du nombre des répétitions auxquelles elle est due.

Son importance dans le monde industriel tient surtout à ce qu'elle constitue l'état de l'esprit ou du corps qui fait agir l'homme avec la plus grande précision, la plus grande facilité, la plus grande aisance, tout en lui permettant d'obtenir le meilleur rendement. C'est un état qu'on ne doit pas contrarier légèrement car il est accompagné d'une antipathie profonde pour le changement brusque.

C'est l'habitude qui donne l'habileté, l'adresse, l'assurance dans l'accomplissement d'un travail. Il en est ainsi pour les travaux de tous les genres, travaux de bureau ou travaux d'atelier. Ce fait suffirait à montrer toute la valeur de l'habitude dans une organisation industrielle, car l'habitude constitue non seulement « une aptitude au travail » mais aussi une « disposition au travail ». L'habitude crée une tendance instinctive à continuer le travail, qu'elle fait exécuter avec facilité et sûreté.

Les habitudes d'esprit sont des qualités spéciales qui ont été acquises par ce même procédé de répétition. L'homme qui réussit dans le monde commercial, dans le domaine de l'inventeur, dans le royaume du financier, ou dans tout autre champ d'activité intellectuelle, est celui qui a acquis l'habitude d'orienter ses pensées dans une direction particulièrement utile à son point de vue spécial. Il y a certainement des hommes, nés pour chacune de ces vocations, qui ne pourraient se qualifier pour aucune autre, mais ces cas sont si rares que nous pouvons ne pas en tenir compte ici.

On peut créer de nouvelles habitudes.

Il y a aussi des hommes qui pendant leurs premières années, celles pendant lesquelles ils étaient le plus impressionnables, ont été soumis à une ambiance qui a fait naître en eux des habitudes de pensée et d'action bien peu désirables.

Les uns et les autres sont un peu handicapés quand ils essaient d'acquérir de nouvelles habitudes physiques ou mentales, mais, comme l'habitude peut être acquise par simple répétition, beaucoup de ces hommes peuvent encore se refaire.

Si l'homme éprouve du dégoût pour le seul travail par lequel il puisse gagner sa vie, que cela soit dû à des dispositions naturelles ou à des dispositions résultant de l'ambiance, la lutte sera longue et pénible, mais, à force de volonté, il emportera la victoire, et, dans bien des cas, sa mentalité deviendra moins contrariante.

Le moyen idéal, et le plus favorable à l'acquisition des habitudes de travail, est d'amener l'esprit à désirer le travail. On peut, il est vrai, développer par un procédé quelconque l'adresse et autres attributs de l'habitude, mais le moyen le plus rapide et le plus facile, celui qui donne le plus grand rendement, consiste à mettre en action un désir ardent, sérieux et tenace, soutenant l'intérêt et facilitant la concentration de l'attention sur un même sujet.

Nous ne pouvons pas remonter ici jusqu'à l'âge où l'homme, ou mieux l'enfant, est le plus impressionnable, il faudrait remonter plus haut que le moment de l'entrée dans le monde industriel, mais ce problème de l'habitude ne peut pas être résolu sans tenir compte des conditions dans lesquelles les hommes se présentent dans l'industrie. Ils y apportent des caractéristiques innées et d'autres qui ont été acquises, particulièrement sous l'influence du milieu, pendant ces premières années.

Plus tard, c'est presque entièrement par la force des circonstances que l'homme acquiert l'habitude de travailler. Généralement, cependant, ces habitudes de travail ne prennent pas une bien grande force si l'homme a été envahi, antérieurement, par un certain nombre d'habitudes, de l'esprit ou du corps, combattant ces habitudes de travail.

L'habitude peut, c'est certain, n'être qu'une simple habitude d'action, mais on peut encore admettre, que, même dans ce cas, si les circonstances sont favorables, elle peut constituer un antidote puissant à de fâcheuses habitudes d'esprit. Et c'est toujours sur le secours de ces circonstances favorables qu'il nous faut compter et tabler pour réussir dans le monde industriel.

Le rendement de l'organisation.

Le rendement de l'organisation, envisagé dans son ensemble, dépend de la coordination de ses différents éléments et, comme les hommes, qui composent l'organisation, constituent la partie la plus importante de tous ces éléments, il nous faut d'abord assurer la plus parfaite coordination de tous les mouvements de ces hommes.

Quand un homme est occupé à un travail entièrement nouveau pour lui, et ne travaille pas suivant ses habitudes, il est impossible de savoir, à l'avance, comment et quand sa tâche sera accomplie. De là, l'impossibilité de coordonner son travail avec celui de ses camarades. Mais, quand tous suivent une règle bien tracée, la coordination devient possible, et l'on obtient alors une organisation fonctionnant grâce à des habitudes, habitudes d'ensemble : édifiées, bien entendu, sur les habitudes acquises individuellement par chaque homme faisant partie de l'organisation.

Puisque le rendement dépend de la force de l'habitude, nous devrons donc choisir les méthodes propres à créer et à entretenir les habitudes les plus fortes. Et ceci, comme toute étude relative à l'industrie, nous conduit immédiatement à adopter la politique qui favorise la subdivision la plus complète possible des opérations. Cette subdivision doit être poussée assez loin pour donner à chaque ouvrier l'avantage de l'adresse et du bon rendement de l'action, qui ne peuvent s'acquérir que par la répétition. Nous sommes ainsi conduits à la spécialisation, qui permet de concentrer les efforts des organisations, les plus grandes possibles, sur la plus petite variété possible des produits.

Une organisation fondée sur cette politique est assurée de la suprématie finale, non seulement parce que la spécialisation limite le champ des efforts de chaque travailleur, mais aussi parce qu'elle limite le champ des devoirs de chaque chef. En fin de compte, chacun acquiert un très grand rendement et devient parfaitement qualifié pour le travail qui lui est assigné. L'homme à tout faire ne peut pas sérieusement se mettre en ligne à côté du spécialiste.

Objections auxquelles la spécialisation donne lieu.

Les objections à la méthode d'ultra spécialisation viennent généralement de l'anxiété que fait naître en nous l'impuissance dans laquelle se trouve le spécialiste aux prises avec un travail auquel il n'est pas habitué, et la façon dont il est handicapé quand il faut chercher du travail dans des moments de dépression ou de désorganisation générale dans l'industrie. Cet argument contre la spécialisation se rapporte aussi bien à l'individu qu'à l'industrie, ou à l'usine, et il a souvent empêché d'organiser un établissement de façon à réduire le nombre des travaux qu'on y exécute. Ne tenir aucun compte de ce point de vue et le traiter d'insignifiant ne serait pas sage, mais lui permettre de nous écarter de la grande route qui offre les plus grandes commodités, serait une grande erreur.

Valeur de l'habitude dans l'industrie.

Au temps où nous sommes, celui qui fait usage de moyens autres que ceux que nous venons d'indiquer, ne paraît avoir aucune chance de succès. L'assurance, la capacité, une compréhension parfaite des conditions de l'industrie ne viennent qu'à l'homme ou à l'organisation, ou à la nation qui s'est solidement fortifiée par des habitudes utiles.

La puissance de l'habitude dans l'industrie est un des faits les plus clairement démontrés. Sa valeur pour la résolution des problèmes sociaux a été prouvée bien des fois, et cependant, elle est ignorée presque complètement par beaucoup des plus énergiques promoteurs de la croisade en faveur du rendement. Les hommes qui défendent la valeur de l'habitude sont considérés comme des arriérés. Comme ils appartiennent, pour la plupart, à la silencieuse majorité, il est indispensable de peser avec le plus grand soin leur manière de voir.

La plupart de ceux d'entre nous qui ont sérieusement arrêté leur pensée sur ces problèmes, ont senti qu'il n'est guère de méthode de travail qui ne puisse être changée complètement, en faisant appel à l'intelligence des hommes. Nous en sommes tous convaincus. Mais on peut se demander si l'on a toujours évalué bien exactement la dépense d'énergie intellectuelle nécessaire pour détourner du chemin qu'il suit, le courant de l'habitude ou de l'usage.

C'est une tâche toute matérielle de changer le cours d'une rivière ; changer des habitudes de pensée et d'action, demande beaucoup de temps et le secours des agents les plus subtils. Il est possible d'introduire une nouvelle méthode dans la conduite des affaires ou dans la fabrication, mais, pour cela, il ne faut pas perdre de vue la force de l'habitude de pensée et d'action, inhérente à tout mortel, car on retrouve ce même mortel dans la salle du conseil et dans les différentes situations de l'usine.

Ces habitudes ont des racines si profondes, qu'une lettre d'affaires contient rarement la trace d'une seule pensée nouvelle sur le sujet qu'elle traite. Chaque lettre est faite de phrases qui ont été formulées un millier de fois, et chacune des affirmations qu'elle contient est le produit de pensées antérieures. Elle est le résultat de l'attitude mentale de l'auteur, qui, à son tour, est le résultat de son expérience antérieure. Si vous êtes appelés à écrire une fois par mois, une lettre sur un sujet nouveau, il vous faudra dépenser pour cela beaucoup plus d'énergie que pour écrire par jour deux à trois cents lettres ordinaires.

Suivre les sentiers de l'habitude.

Pour introduire quelque chose qui soit réellement nouveau dans la rédaction d'une lettre, comme dans une opération d'usinage, il faut faire une dépense d'énergie mentale ou d'argent, ou peut-être des deux, et si une « nouvelle lettre » se trouve écrite sans dépense d'énergie mentale, il est à peu près certain qu'elle amènera une dépense d'argent, dans un temps plus ou moins éloigné.

Il en est de même, sur une plus grande échelle, pour

toutes les opérations qui se font dans une usine. L'ouvrier aussi bien que le chef ne travaille ou ne pense naturellement et sans fatigue, « confortablement », qu'en suivant le sentier de l'habitude.

Si ce qui précède paraît impliquer que le changement est une bonne chose, l'auteur s'est bien mal fait comprendre, car ce n'est pas du tout ce qu'il a voulu dire. Bien au contraire, il a voulu insister sur l'importance d'une loi naturelle : « La Loi de l'Habitude », dont il faut tenir compte quand on veut obtenir le succès économique. Nous parlerons plus loin des conditions dans lesquelles il faut se placer pour réaliser le « Progrès », et nous verrons alors que ces conditions doivent toutes s'accorder avec la « Nature » telle qu'on la rencontre dans la vie réelle du monde industriel. Elles ne doivent pas être dictées par des personnes voyant les choses trop en beau qui ne tiennent pas compte, ou ne savent pas tenir compte, des conditions normales dans lesquelles travaille l'homme normal.

Nous ne prétendons pas contredire les personnes qui désirent que tout homme éprouve dans son travail, un plaisir résultant de l'usage qu'il fait de son cerveau. On ne doit pas admettre de système qui s'oppose au travail du cerveau. Tout système doit au contraire diminuer l'effet abrutissant d'un emploi insuffisant du cerveau. On peut introduire dans l'industrie de nouveaux modes de travail, de nouvelles idées, des méthodes perfectionnées, des inventions relatives à de nouveaux moyens d'action, mais il faut le faire en se conformant aux lois de la nature. Le plaisir de se livrer à un travail intéressant ne doit pas amener le désastre financier d'une industrie ou d'une nation, ni même la perte d'un ouvrier. Ce prétendu plaisir serait le plaisir du paradis des fous. Le plaisir dans le travail doit résulter des progrès que l'on fait en employant les moyens naturels.

Quand une affaire est conduite, ou quand un travail est fait, contrairement à ce principe, il y a opposition avec les lois de la nature et il n'en résulte généralement ni profit ni satisfaction pour les bailleurs de fonds, pour les chefs d'usine, pour les ouvriers et aussi pour ceux qui se servent du produit.

L'inertie humaine.

Quand nous voulons arrêter un grand volant tournant à grande vitesse, nous savons qu'il faut d'abord supprimer la force motrice, puis appliquer avec précaution un frein ou quelqu'autre forme de résistance. Nous savons qu'un arrêt instantané du mouvement de ce volant est impossible et que si l'on cherche à le produire trop vite, on va au désastre. Un train express ne peut être arrêté instantanément, et il est également impossible d'amener instantanément le même train du repos à la grande vitesse.

Dans l'industrie, nous avons souvent vu les effets de l'inertie se manifester quand on fait un effort pour changer la méthode de travail.

Cette inertie qui résiste à nos efforts quand nous voulons changer la vitesse des objets en mouvement, ou donner le mouvement à un objet qui est à l'état de repos, est habituellement considérée comme une propriété physique, ne pouvant pas appartenir intégralement aux créatures vivantes.

L'effet de l'inertie sur une masse inanimée peut être démontré avec la plus grande facilité en toutes circonstances. La preuve en est toujours donnée rapidement et d'une façon qui prête rarement à une fausse interprétation.

Bien que l'application de ce même principe au monde industriel ne soit pas aussi évidente, toute personne qui embrasse du regard les différents travaux du monde industriel, ne peut douter que les effets de l'inertie ne soient les

mêmes dans les deux cas. Les effets de l'inertie de l'esprit et
des habitudes de l'être humain, qu'il s'agisse de l'individu
ou de la collectivité, sont tout aussi nettement mis en évidence par les annales de l'industrie qu'aucun des faits dont
s'occupe la physique.

Le bien-être de l'homme et le succès industriel..

Le système qui assure à chacun la plus grande somme de
bien-être réel, est aussi celui qui donne les plus grandes
chances de succès à chaque industrie et à chaque nation, et,
s'il est appliqué d'une façon universelle, au monde entier.

Quand on choisit une ligne de conduite, il faut prendre
en considération l'inertie de l'être humain, résidant dans ses
habitudes de pensée et d'action. On doit toujours s'efforcer
d'améliorer les conditions dans lesquelles l'homme travaille,
mais il faut le faire graduellement, en tenant compte des
lois de l'inertie.

L'effort qu'on exerce dans cette direction doit être un
effort intelligent — un effort qui tienne compte de ce que
tous les hommes n'apprécient pas de la même manière ce
qu'on peut leur proposer — de ce que tous les hommes ne
sont pas nés pour gouverner, ou pour rêver à des projets
grandioses. Il doit tenir compte de ce que bien des hommes
se trouvent très heureux quand le travail qu'ils doivent
accomplir est sain, et procure à leur corps l'exercice dont il
a besoin, tout en étant suffisamment fatigant pour leur
donner le désir de rentrer chez eux après la journée de
travail, et leur faire éprouver le plaisir de se reposer. Les
uns se trouvent plus heureux quand ils font des travaux de
bureau ; d'autres éprouvent le plus grand plaisir à conduire
habilement une machine ou un instrument, tandis que
d'autres encore sont plus à leur avantage quand ils étudient
des mécanismes compliqués.

Tout ceci doit être pris en égale considération; mais un dernier point, qui n'a pas moins d'importance, est qu'il faut s'occuper d'une façon toute particulière de *l'homme qui s'inquiète peu de la solution des plus graves problèmes*. Cet homme constitue cependant l'élément le plus important qu'on ait à considérer. Il représente le plus grand nombre. C'est pour cet homme que les penseurs doivent penser, mais, quand ils le font, ils ne doivent pas se figurer que cet homme pense comme ils pensent. Il ne pense pas du tout de la même manière. Le point de vue auquel il se place est même complètement différent. Je ne sais si c'est lui qui a la conception la plus exacte du monde réel, mais la conception qu'il en a est la plus répandue.

On doit s'efforcer de tenir compte, autant qu'on le peut, des conditions nécessaires au bien-être de chacun, depuis le Napoléon de l'Industrie jusqu'aux nouvelles recrues de l'atelier, de telle sorte que chaque homme ait à faire le travail de l'ordre le plus élevé pour lequel il soit qualifié par ses aptitudes et ses caractéristiques générales.

Nous élevons un homme quand nous prenons un manœuvre qui est au plus arrivé à manier maladroitement une pelle et que, par notre patience, nous lui apprenons à faire un meilleur travail; un travail par lequel il crée une plus grande valeur et un travail par lequel il obtient un meilleur salaire pour lui et sa famille. Si son cerveau n'est pas fait pour guider une nation, le travail qu'il est appelé à faire peut n'être pas si dégradant qu'il paraît. Certes chacun devrait être occupé au travail du type le plus élevé qui puisse lui convenir. Mais l'un des plus grands crimes dont on puisse se rendre coupable envers un homme, est de le rendre mécontent de la place qu'il occupe dans le monde.

Édifier sur l'habitude.

La manière la plus naturelle et la plus efficace de conduire les affaires est de s'appuyer sur l'habitude. Nous en voyons la preuve à chaque instant. Le spécialiste est supérieur à l'homme à tout faire. Le fait est connu depuis des siècles, mais jamais les conditions n'ont été aussi favorables que maintenant à sa mise en évidence. Ceci s'applique aux affaires et au côté commercial de l'industrie, tout aussi bien qu'à la fabrication proprement dite.

L'habitude chez l'ouvrier provient de l'application continuelle qu'il apporte à son travail particulier. Un tourneur ne peut pas faire sa meilleure journée de travail si on ne lui donne pas son propre tour et ses propres outils, son propre étau, son travail accoutumé et tout ce qui l'entoure habituellement. Donnez-lui un autre tour, même de la même marque, et il s'écoulera peut-être des jours avant qu'il atteigne son précédent record. Changez son travail fréquemment et vous réduisez sa production. Ceci s'applique à toutes sortes de travaux : travaux d'atelier ou travaux de bureau.

On fait généralement deux objections à la spécialisation à outrance. L'une est purement commerciale, l'autre est entièrement humanitaire.

Elles sont toutes les deux essentiellement fausses.

Au point de vue commercial, on objecte que la spécialisation entraîne des frais de vente élevés, et qu'il est impossible de donner à un travail d'une seule sorte, une importance suffisante pour que la spécialisation soit pratique. L'humanitaire pense qu'on dégrade l'ouvrier en restreignant le champ de ses opérations.

Ni l'une ni l'autre de ces manières de voir n'embrasse le sujet dans son entier, et l'une et l'autre peuvent conduire à des conclusions erronées. Nous consacrerons la plus grande partie de la place dont nous disposons à discuter le côté pratique et économique de la question, mais, puisque l'esprit recule naturellement devant toute conclusion qui n'est pas humanitaire, nous commencerons par dissiper l'erreur qui consiste à croire que la spécialisation, en elle-même, dégrade les ouvriers.

Une place pour chaque homme et chaque homme à sa place.

C'est à la spécialisation que nous devons le développement du Progrès. Et cependant, il nous semble quelquefois que la spécialisation doit aller contre le bien-être de la race, en particulier quand nous voyons de fâcheux exemples d'hommes n'occupant pas la place qu'ils devraient occuper, d'hommes qui sont liés par les circonstances à un travail qui parait les rabaisser à un niveau inférieur à celui qui leur serait naturel. Mais ce mauvais ajustement n'est pas celui de la grande majorité des hommes. Cette grande majorité, dans le monde industriel, est dans une position beaucoup meilleure que celle dans laquelle étaient ses ancêtres.

Il faut changer les conditions défavorables.

Nous savons qu'un dur travail physique ne donne pas à l'esprit la plus grande lucidité; qu'un effort manuel exagéré parait abaisser les facultés de perception; que, même un travail modéré, s'il est monotone, peut être un véritable esclavage, qu'on le fasse avec une plume ou avec des instruments légers, et que tout travail de ce genre porte atteinte à l'intelligence, soit en arrêtant son développement, soit en émoussant l'ambition. Nous savons aussi du reste, qu'un milieu « énervant » paralyse l'action du corps aussi bien que celle de l'esprit.

Tout cela est, et c'est très fâcheux ; mais souvenons-nous qu'il n'y a jamais eu d'époque où ces conditions défavorables à l'homme aient été aussi peu habituelles qu'elles le sont maintenant, et qu'il est probable que l'évolution naturelle des choses les rendra encore moins fréquentes. Enfin ces conditions ne sont pas un accompagnement obligé de la spécialisation. Elles ne sont que le mauvais ajustement momentané qui a toujours accompagné le progrès humain.

Pour rendre beaucoup plus rares ces conditions malheureuses, il existe du reste un moyen qui n'est contraire ni aux intérêts de l'industrie, ni à ceux des individus, ce moyen, le seul qu'on doive employer, consiste simplement à faire usage de son cerveau pour veiller à ce que chaque homme soit occupé, autant que possible, au travail qu'il peut le mieux faire, puis, ensuite, à s'assurer que l'homme a toute facilité pour se perfectionner dans ce travail.

Pour rendre ceci plus clair, voyons quels sont les principaux éléments de ce problème.

Des différentes sortes d'hommes.

Nous savons qu'il y a différentes sortes d'intelligences, comme il y a différentes sortes de corps. Aux uns il faut beaucoup d'exercice, d'autres produisent plus, et se trouvent dans leur état normal, quand ils mènent une existence tranquille. L'homme qui, occupant dans le monde une position élevée, éprouve le désir d'amener tout le monde à vivre une vie plus active, est comme l'enfant qui donne à sa grand'mère une trompette et un tambour pour ses étrennes. Il pense que les autres désirent ce qu'il désire, mais il se trompe.

Beaucoup d'hommes mènent les vies les plus heureuses en s'y prenant tout autrement. Leur travail naturel — le travail qui leur permet d'employer le plus efficacement leur énergie et d'atteindre le plus grand développement de l'intelligence et du corps — n'est sans doute pas celui qui consiste à courir après des lauriers, cependant très recherchés, et ils n'éprouvent pas le besoin de donner à leur voisin l'impression de leur grande importance. Ils aiment mieux passer leur vie à se donner simplement une existence confortable.

Il y a sur terre des hommes qui ne désirent pas se fatiguer le cerveau en étudiant des problèmes compliqués; des hommes qui sont désireux et même heureux de faire un travail sain, pourvu qu'ils puissent gagner leur vie convenablement. L'intelligence de ces hommes n'est pas inactive, même quand ils font ces prétendus travaux monotones.

Il y en a d'autres, qui bien que qualifiés pour des positions plus élevées, se contentent, par la force des circonstances, de faire loyalement leur devoir pour gagner un salaire suffisant. Ces mêmes hommes dépensent alors le surplus de leur énergie intellectuelle, en se livrant à l'étude en dehors des heures de travail, en vue du meilleur accomplissement des devoirs de leur état ou simplement en prenant d'utiles distractions.

Dans bien des cas, la position vers laquelle un peu plus d'ambition pourrait les pousser, leur imposerait un travail exagéré, de nombreux soucis et ne leur permettrait plus de mener une existence agréable. Combien de travailleurs qui ont eu, à un certain moment, des responsabilités à porter, savent que la véritable paix de l'esprit, qui est encore ce qu'il y a de meilleur, disparaît le jour où l'on assume le fardeau de la responsabilité. L'étude à la maison, le soir, n'a plus d'attrait pour l'homme qui rentre chez lui avec le cerveau déjà fatigué par les travaux de la journée. C'est un plaisir que ne connaît pas celui que la nature a marqué pour les lourdes responsabilités. Ce dernier pense que son camarade, si facilement content, n'est qu'un paresseux. Mais il ne sait pas qu'il n'y a que peu ou même pas de paresseux dans ce monde, au sens où on l'entend généralement.

Le prétendu paresseux et l'homme énergique obéissent l'un et l'autre à la loi de la nature. Le premier peut avoir besoin d'être stimulé, ou d'être conduit par la force des circonstances, à prendre part à des travaux ou des exercices qui conviennent à son esprit et à son corps, tandis que l'homme trop énergique peut avoir besoin d'un traitement absolument différent pour donner la plus grande quantité de travail dont il soit capable, sans perdre son équilibre mental. Ces deux extrêmes se rencontrent sur la terre et il devrait toujours être possible de mettre chacun à la place où ses caractéristiques particulières lui permettent de donner des meilleurs résultats.

Il faut ajuster la cheville à son trou.

Dans le monde industriel, il doit être possible aux individus de tous les genres de trouver leurs vraies places. L'évolution naturelle des choses amènera sans doute l'esprit humain à s'occuper un jour du problème de la position qui convient à chacun. On réalisera alors une grande amélioration dans la condition de l'ouvrier des usines. Mais il est inutile d'espérer obtenir quelque chose qui ressemble à la satisfaction et au bien-être, aussi longtemps que l'on radotera, d'une façon très peu rationnelle, sur l'abaissement produit sur l'homme par le travail industriel, sans vouloir admettre que les opérations les plus ordinaires peuvent être accomplies par des hommes qui ne sont pas qualifiés pour faire un travail plus compliqué et qui ne trouveraient pas d'emploi si ce travail n'existait pas.

De même, il faut que toutes les positions d'un établissement industriel soient remplies, et, dans chaque position, doit se trouver un homme occupant bien la place qui lui convient le mieux dans le monde.

Cette digression n'est pas assez longue pour bien exposer ce point, mais on peut espérer que grâce à ce qui suit, elle servira à calmer l'anxiété que provoque le bien-être du travailleur dans toute industrie qui s'oriente vers la méthode économique de la spécialisation.

La spécialisation.

La spécialisation divise les travaux en différentes classes, de façon que toutes les opérations d'une même espèce puissent être effectuées dans le même local. Elle tend à réduire le nombre des opérations exécutées par chaque homme. Quand le travail d'un homme est limité, par exemple, à la surveillance d'une machine à faire des clous, son esprit et son corps s'adaptent à cette condition. Il en résulte une compréhension plus parfaite du mécanisme compliqué de la machine, et l'acquisition d'une adresse extraordinaire à faire les réglages nécessaires. Il devient alors capable de produire beaucoup plus de clous. Il fait son travail facilement, et l'on peut dire, sans se tromper, que son rendement et son bien-être, son « confort » sont bien plus grands.

Ce même homme serait un très médiocre ouvrier, si on lui demandait de passer tous les jours d'un genre de machine à un autre, sans lui donner l'occasion de se servir deux fois de la même machine.

Pour ceux qui ont constaté, et peut-être senti, le plaisir qu'éprouve un travailleur qui pénètre dans une sphère nouvelle, ou rencontre de nouveaux problèmes dans sa sphère habituelle, la spécialisation qui confine chacun dans le travail pour l'exécution duquel il a acquis de l'adresse, et dans lequel son esprit et son corps paraissent agir automatiquement, a quelque chose de répugnant. On peut éprouver du plaisir à vagabonder à travers le monde du travail, mais c'est un plaisir qui ressemble trop à celui qui consiste à rêver ou à construire des châteaux en Espagne. C'est un mauvais emploi de notre puissance d'action. Quelques personnes s'y complaisent étrangement, en particulier celles dont l'esprit est très actif, mais ces personnes se rendraient plus utiles, à elles-mêmes et à leurs familles, en faisant un autre usage de leur activité.

Mauvais emploi de l'énergie là où la spécialisation n'est pas appliquée.

En gaspillant ainsi l'énergie, on a détruit une chose qui a une grande valeur. On a pu s'être donné le plaisir de travailler avec ardeur, mais, à la fin de la semaine, de l'année ou de la vie, on voit clairement que le système de travail employé a été défectueux. Il a été le contrepied du système le plus efficace, et, le rêve fini, le réveil n'a pas été agréable.

Nous faisons beaucoup de tort aux hommes quand nous les poussons à travailler d'une façon inefficace ou, tout au moins, quand nous ne les empêchons pas de le faire. Le travail attrayant est, nous le savons, l'un des plus grands bienfaits qui soient en ce monde. C'est un grand bienfait pour l'ouvrier plus encore que pour tout autre, mais il faut que ce travail soit bien dirigé par ceux à qui ce soin incombe. Si on laisse l'ouvrier se dépenser en efforts qui vont à l'encontre de toutes les lois de la nature, il en résulte une perte irréparable pour le monde, pour l'industrie et pour l'homme. Le bourdon est plus utile dans le monde que celui qui dirige mal le travail.

La spécialisation, quand elle fonctionne convenablement, n'augmente pas seulement l'efficacité du travail de l'homme, en permettant à celui-ci de prendre de bonnes habitudes, mais elle lui procure toute l'aide possible par l'emploi de méthodes appropriées à son esprit et à son corps. L'intelligence réclame un aliment permettant à la pensée de se développer dans le champ où elle est le plus capable de s'exercer. L'homme doit s'appliquer constamment à bien comprendre le travail qu'il fait, afin de pouvoir profiter d'une meilleure situation le jour où elle se présentera. Si cela lui est absolument impossible, sa pensée doit trouver quelque terrain sur lequel elle puisse s'arrêter avec plaisir.

Il faut tenir compte de l'esprit et du corps.

On ne doit pas permettre à l'esprit de vagabonder, or il vagabonde s'il n'est pas bien dirigé. Il faut lui fournir l'occasion de se fixer sur quelque chose. Ce quelque chose sera pour les uns l'étude faite en dehors des heures de travail et à laquelle l'esprit peut se reporter pendant que le travail se fait par la force de l'habitude ; pour d'autres, ce sera simplement un intérêt sain et légitime suscité par quelque détail de la vie de famille, ou encore le souvenir ou l'attrait d'une distraction.

La musique remplit parfois ce but. La musique, entendue à la maison ou ailleurs, occupe quelquefois l'esprit pendant que le corps se livre à un travail monotone. Dans certains cas, on a trouvé utile de faire entendre de la musique aux travailleurs pendant une certaine partie de la journée, pour occuper l'esprit d'ouvriers employés à des travaux qui en eux-mêmes ne fournissent aucun aliment au cerveau. Des lectures à haute voix ont aussi été employées dans le même but.

Mais ces cas extrêmes sont en somme tout à fait exceptionnels. Ils ne concernent que certains ouvriers occupés à un travail auquel ils ne peuvent prendre aucun intérêt.

Presque tous les genres de travaux fournissent à l'homme ordinaire, une occasion de s'intéresser au travail en lui-même. L'intérêt que l'ouvrier prend à son travail porte rapidement ses fruits en améliorant le résultat obtenu et en augmentant l'aisance, le confort du travailleur. Et c'est sur cela que nous devons compter pour faire accepter facilement la spécialisation par le travailleur auquel elle est, du reste, profitable. C'est ce que perdent complètement de vue les personnes, dont nous avons parlé plus haut, qui ont constaté ou ressenti le plaisir du nouveau travail qu'éprouvent les hommes qui vagabondent dans une nouvelle sphère d'action. Ils ne voient pas que le même genre de plaisir de l'esprit peut être obtenu tout en travaillant suivant les lois naturelles et avantageuses de l'habitude. Ils ne voient pas que dans un cas, ils se sont amusés en gaspillant une grande quantité d'énergie, tandis que dans l'autre cas, ils ont pu réaliser un progrès pour eux et pour les autres tout en suivant leur voie naturelle.

Le gaspillage de l'énergie.

Cette tendance à gaspiller l'énergie, en vagabondant en dehors de sa sphère propre, n'est pas spéciale à l'ouvrier. C'est une tendance qu'a aussi l'homme d'affaires. Le directeur d'un établissement doit naturellement combattre la tendance qu'il peut avoir à disperser les énergies de son organisation dans de nouvelles directions. Il sait, par l'expérience du passé, combien chère a été achetée chaque nouvelle méthode introduite dans son organisation. Il sait très bien qu'il ferait arriver ses hommes en retard à l'usine le matin, s'il leur avait dit de s'habiller à leur lever, en pensant avec soin à chacun de leurs mouvements. Il sait aussi que le travail de la journée ne serait jamais bien fait s'il demandait à chacun de penser avant d'agir.

Nous savons tous qu'un homme qui pense juste au moment de parler, sans se reporter à des idées qu'il a au moins vaguement formulées, dans un temps plus ou moins reculé, est un homme qui ne dit que des futilités. La causerie improvisée ne consiste en somme qu'à faire des mots. Elle est quelquefois plaisante, mais donne généralement l'impression d'une chose qui n'est ni voulue, ni prévue.

La causerie comme le travail, quand elle est réellement utile, s'appuie toujours sur de bonnes habitudes.

III

L'inertie de l'habitude.

Une méthode de direction du travail, basée sur l'efficacité de l'habitude, est d'une application relativement facile. Elle peut même paraître d'une application un peu trop simple pour permettre de réaliser des progrès.

Il n'y a pas de fait dans la nature qui soit mieux établi que l'inertie de l'habitude. Mais, cette inertie, bien qu'elle oppose une résistance absolue à tout changement rapide, permet d'obtenir les plus grands résultats, quand on l'utilise convenablement. Avec l'inertie seule, on ne peut réaliser aucun changement, mais nous savons qu'il y a beaucoup d'autres éléments à considérer.

Si, dans la conduite des affaires, nous attachons une trop grande importance à d'autres influences, cela tient en partie à ce que nous nous faisons une idée fausse de l'importance de la situation que l'homme occupe réellement dans le monde. On peut, cependant, sans diminuer la grandeur de l'homme, trouver qu'elle a des limites et que, si nous sommes réellement grands, nous ne devons pas nous contenter de constater des faits. Nous devons nous servir des données expérimentales pour discerner la meilleure voie à suivre et persévérer dans cette voie.

Apprécier l'inertie à sa valeur.

Le point important est de bien apprécier la valeur que nous devons attribuer à cet élément de l'inertie, au moment où nous choisissons une ligne de conduite pour la direction des affaires qui nous concernent.

Dans tout l'enseignement qui nous est donné, depuis l'école enfantine, nous rencontrons ce principe de l'inertie. L'ingénieur le salue jusqu'à terre. En fait, nous le saluons bien bas en toutes choses, mais c'est souvent en nous avouant vaincus, plutôt que pour accomplir un acte de bienveillante politesse.

On rencontre souvent chez les hommes un désir continuel d'avancer en acquérant, tout à la fois, une plus grande habileté, des connaissances plus étendues et un plus grand rendement, une plus grande « Efficiency ». Ce désir devient quelquefois un but bien défini, et peut changer la destinée de l'homme tout comme l'attraction du soleil ou de tout autre corps peut modifier la trajectoire d'une planète. Nous savons que ces influences secondaires jouent un très grand rôle dans les affaires de ce monde. En réalité, elles ont tant d'importance qu'on leur a bien souvent attribué la réussite ou l'échec des affaires.

Nous nous proposons ici de montrer que l'inertie joue le plus grand rôle dans la vie de tous les jours, et que les autres facteurs n'y jouent qu'un rôle relativement restreint.

On pourra citer l'exemple du valet de charrue quittant son travail au milieu du sillon pour répondre à une vocation irrésistible. Nous connaissons des hommes qui se sont débarrassés presqu'instantanément de mauvaises habitudes pour en prendre de bonnes. Nous en connaissons aussi d'autres, malheureusement, qui ont quitté tout aussi vite de bonnes habitudes pour en prendre de mauvaises. Nous savons enfin qu'on a pu réaliser avec succès, dans un temps très court, de grands progrès dans les procédés de fabrication. Mais tous ces exemples sont relativement rares, et si on analyse avec soin chacun d'eux, on voit qu'il a fallu dépenser une immense réserve d'énergie et de volonté pour produire ces changements.

Ces exemples paraissent, aux yeux de la plupart des hommes, constituer la manière normale et naturelle de réaliser le progrès. Il est certain que de grands progrès réalisés lors des révolutions qu'ont subies les idées sociales, politiques ou autres, ont pu paraître, à la surface du moins, être le résultat d'un changement rapide, dû à la volonté maitresse ou autoritaire d'un homme, mais on n'en doit pas moins souhaiter que ces grandes énergies s'emploient d'une façon plus efficace. Elles doivent être employées conformément aux lois de la nature, exactement comme nous proposons d'employer les énergies de ceux qui ne sont pas attirés par quelque grande idée.

Édifier sur de vieilles idées et de vieilles habitudes.

Pour étudier les moyens propres à assurer la bonne direction des affaires industrielles, il n'est pas nécessaire de prendre chaque affaire au début. La méthode qui convient au problème de l'organisation existante est aussi applicable à celui de la nouvelle organisation, car une nouvelle organisation n'est nouvelle que dans un sens restreint. Elle emploie l'expérience des hommes. Elle emploie des machines et des agrès existants. Elle suit des méthodes connues en ce qui concerne la conduite des affaires et la direction générale qu'elles doivent recevoir.

Même la prétendue « nouvelle méthode », qui est peut-être le centre autour duquel la prétendue « nouvelle affaire » va être édifiée, contient elle-même très peu d'éléments nouveaux. La chose la plus nouvelle que nous connaissions dans le monde industriel, comprend beaucoup d'éléments anciens et très bien connus. Cette « nouvelle méthode » ou cette « nouvelle machine » sur laquelle va reposer l'affaire, est en elle-même si vieille, que nous avons déjà l'habitude invétérée de nous laisser entraîner à faire des placements dans des conditions identiques, sur l'annonce de quelque procédé ou moyen nouveau.

On ne peut guère se représenter une chose complètement nouvelle, exigeant des procédés et des moyens entièrement nouveaux pour la fabrication. Plus nous nous approchons de la nouveauté dans le monde industriel, plus mince devient la glace sur laquelle nous marchons.

Aussi quand nous conseillons de se conformer aux habitudes acquises, pour imprimer tout changement à la direction d'une organisation existante, nous entendons qu'il faut faire de même quand il s'agit de créer une nouvelle compagnie ou une nouvelle organisation.

Dans les deux cas, nous devons faire usage de procédés et de moyens existants, avoir recours à des hommes d'expérience et employer un outillage bien éprouvé. Le vieux et le nouveau doivent être conduits en tenant compte des règles de l'art, des habitudes des ouvriers et d'autres conditions spéciales à chaque localité. On ne doit entreprendre d'aller à l'encontre des habitudes et des usages existants, qu'en sachant qu'il faudra déployer une très grande patience, beaucoup de force et beaucoup de courage pour renverser les barrières opposées par l'inertie.

Diriger l'énergie qui s'applique à la réalisation du « nouveau »

L'importance des résultats qu'on peut obtenir en appliquant l'énergie à la réalisation du « nouveau » est si grande, qu'il n'est pas nécessaire de la mettre en évidence. Elle a été exaltée si souvent que la plupart des gens s'en font une idée exagérée. Ce n'est pas qu'on l'ait prisée trop haut, mais, pendant qu'on faisait son éloge, on a laissé dans l'ombre beaucoup d'autres qualités. On devrait apprécier plus qu'on ne le fait, la valeur des énergies employées pour obtenir de bons résultats en se servant des méthodes et moyens anciens.

L'énergie qui se tourne vers la réalisation du nouveau, quand elle est maintenue dans certaines limites, est un des plus beaux atouts de l'organisation industrielle. Elle ne provoque alors qu'un travail normal et accroît d'elle-même le débit de sa source. Tandis que, quand elle n'est pas convenablement contenue, elle ne fait que gêner et empêcher le progrès réel. Elle nuit alors à la véritable réalisation des résultats.

La seule manière de faire faire le travail est de laisser l'ouvrier suivre ses habitudes. La seule manière de réaliser le progrès d'une façon efficace, consiste à s'arranger pour que les nouveaux procédés et les nouveaux moyens ne s'écartent que graduellement de ceux en usage.

L'homme de progrès qui dirige ainsi le travail est l'homme le plus utile qui soit au monde. Celui qui ignore le principe de l'inertie n'est qu'un perturbateur, qu'il soit un directeur, un fendeur de bûches ou un porteur d'eau.

L'homme qui fait réellement le travail en ce monde n'est pas le prétendu novateur. C'est celui qui fait connaître des méthodes nouvelles et meilleures qu'on puisse faire adopter en passant des vieilles habitudes aux nouvelles par des changements insensibles.

Le conservateur peut parfois paraître avoir une aversion réelle pour tous les changements quels qu'ils soient. Une étude réfléchie du côté psychologique de la question nous ferait connaître les raisons de cette aversion, mais nous pouvons nous contenter de les demander à notre mémoire. Celle-ci nous rappellera sans doute qu'à certains moments, nous nous sommes trouvés accablés, à la suite d'un effort physique ou de la combinaison d'efforts physiques et intellectuels, ou simplement par de grands ennuis. Peut-être aussi nous souviendrons-nous que, pendant que nous nous trouvions dans ces conditions difficiles, un individu, plein de bonnes intentions, mais ne sachant pas du tout comment il faut s'y prendre pour venir en aide, est venu nous dire que notre méthode de travail était absolument mauvaise et s'est mis à nous exposer, en long et en large, d'une façon très impartiale, ce que nous aurions dû faire.

Si notre mémoire nous rappelle que nous avons souri aimablement et remercié gracieusement le faiseur de réformes, il est évident que notre mémoire est d'une nature bien désirable ou que nous étions en ce moment, et sommes probablement encore, le plus extravagant des humains. Il est plus probable, cependant, que nous n'étions pas en humeur de recevoir ces morceaux de choix de la science, et que si nous avons fait une réponse, elle n'a pas dû refléter ce qu'il y a de meilleur en nous.

On peut en donner un millier d'exemples, mais un seul suffira.

Tenir compte de l'individu.

Les contremaîtres, et autres personnes appelées à diriger directement les ouvriers, savent que le meilleur des hommes no doit pas être invité à changer ses habitudes quand il est en plein effort. En fait, il ne faut pas essayer une nouvelle idée sur un homme qui est fatigué physiquement. Ce même homme, bien reposé de corps et d'esprit, sera peut-être alors ce qu'on appelle un homme de progrès.

Prenons deux hommes exactement pareils sous tous les rapports, connaissant également bien le travail qu'ils doivent faire, occupés tous les deux à creuser un fossé, à réparer ou régler une machine compliquée, ou tout autre espèce de travail, et supposons que l'un de ces hommes se trouve dans une position défectueuse pour pelleter la terre ou tourner la manivelle, et se fatigue un peu par suite de l'effort physique qu'il doit faire, ou de la lassitude que lui cause le travail, et que l'autre prenne une part moins active dans l'opération. Nous allons voir que l'un est devenu un homme de progrès et que l'autre est au contraire devenu routinier. Celui qui s'est fatigué au travail ne peut pas comprendre pourquoi l'autre désire creuser autour d'un galet au lieu de chercher à l'arracher tout d'une pièce, ou bien, dans l'autre cas, pourquoi il peut n'être pas nécessaire de démonter toute la machine pour découvrir ce qu'il y a de défectueux. Toute suggestion d'une nouvelle méthode de travail lui est insupportable. Il lui est alors plus commode de faire le travail par le moyen le plus pénible, il est vrai, mais qui est celui dont il a l'habitude.

Rappelons-nous que ces deux hommes sont les mêmes sous tous les rapports. Tous les deux sont énergiques et nullement paresseux (prétendre que la chose existe est une autre affaire). Rappelons-nous aussi que nous pouvons leur faire changer, d'un jour à l'autre, leurs positions respectives, mettant le premier ou le deuxième dans la position d'infériorité physique. Aussi souvent que nous changerons leur position, nous changerons leur manière de voir et il deviendront, à tour de rôle, l'homme de progrès ou le routinier.

Le cerveau de l'homme qui creuse le fossé ne travaille pas aussi bien que celui de son frère qui se tient au bord de ce même fossé. Le travailleur demande qu'on ne le dérange pas. Vous le troublez si vous insistez pour qu'il fasse travailler son cerveau pendant que le corps donne l'effort dont il est capable, et ceci est l'un des points les plus importants dont il faille tenir compte pour diriger un atelier.

La fatigue du corps engourdit le cerveau.

Il ne s'en suit pas qu'on doive admettre que le travailleur ne possède qu'un cerveau inférieur, et rien n'est plus contraire à notre pensée. Nous voulons simplement faire constater qu'il ne faut pas essayer de demander au cerveau toute l'énergie dont il est capable pendant qu'on demande déjà cette énergie au corps.

Je sais très bien qu'il est possible de développer à la fois l'esprit et le corps, et que certaines autorités pensent que l'état dont nous parlons n'existe que quand il y a excès dans l'intensité du travail manuel ou mental. Je n'ai pas l'intention de discuter ces points secondaires de la question. J'expose seulement des faits qui ont été observés un millier de fois, dans des conditions où il n'y avait pas exagération, d'un genre ou de l'autre, dans le travail.

C'est pour cela que le travailleur ne s'intéresse pas, de lui-même, aux méthodes perfectionnées qu'on préconise pour l'amélioration des moyens employés dans le travail, ou dans la conduite des affaires. C'est pour cela aussi que son attitude la plus naturelle est l'opposition à tout ce qui lui est présenté légèrement et sans réflexion. Cette attitude n'est pas nécessairement due à des conditions physiques ou mentales acquises, résultant de sa manière de vivre habituelle. Tous les hommes, quel que soit leur milieu ou leur mentalité, agissent exactement de même s'ils sont placés dans les mêmes conditions. Cette attitude résulte simplement du travail que fait l'ouvrier.

Prenant en considération cet ordre d'idées, le novateur, l'homme de progrès, doit étudier avec beaucoup de soin le problème de l'application de ses théories. Il doit se rendre compte que les hommes qui travaillent dans les différentes parties des ateliers, se trouvant sous l'influence des travaux de tous les jours, il leur est très difficile de s'appliquer à comprendre toute nouvelle organisation du travail. Beaucoup de doctrines, très belles en théorie, ont bien peu de valeur si leur introduction exige une dépense d'énergie qu'on ne peut demander au travailleur.

Le novateur ne doit pas perdre de vue qu'il faut, avant tout, que le travail se fasse, et qu'il ne faut pas ennuyer les hommes qui travaillent. Tout projet de transformation doit être subordonné à la capacité d'amélioration des hommes, et ne doit pas commencer par leur enlever la nourriture, pendant le changement. En d'autres termes, les nouvelles méthodes doivent se souder si facilement aux anciennes que le passage des unes aux autres n'interrompe pas la production.

Nous avons vu que la manière la plus efficace d'employer l'énergie d'un homme consiste à lui permettre de suivre ses habitudes de pensée et d'action, et nous avons vu aussi, que l'habitude de concentrer l'attention, surtout quand cette attention se limite à la plus petite variété possible de travail, est celle qui donne la plus grande efficacité, le meilleur rendement.

Les habitudes de vagabondage, qu'elles soient celles du rêveur, du chemineau, du bon à tout faire, ne mènent à rien. Par contre, la concentration de l'attention sur un sujet donné porte toujours des fruits, si ce sujet ne constitue pas une charge trop lourde pour le cerveau.

La division du travail.

La division du travail en opérations séparées rend possible la division du sujet en sous-problèmes relativement simples. Le sujet ainsi divisé devient accessible aux plus petits cerveaux et beaucoup plus facile à comprendre pour les cerveaux de grande puissance. En d'autres termes, la subdivision du travail détermine des régions dans lesquelles des cerveaux « équipés » de toutes sortes de façons peuvent être employés utilement.

Il est sans intérêt, à tous les points de vue, de maintenir le problème du travail dans toute sa difficulté, en obligeant chaque homme à s'efforcer d'accomplir un grand nombre d'opérations très variées, quand le travail peut être divisé de telle sorte que cet homme n'ait à penser qu'à un petit nombre d'entre elles. Il est de plus inutile d'embrouiller la question en disant que cette division est dégradante.

Quelques-uns des plus grands hommes de science que le monde ait connus ont concentré leur attention sur la plus petite partie de l'univers qu'on puisse concevoir, parcelle si petite que le microscope seulement pouvait la révéler à l'œil. Un cerveau qui pense, trouve l'aliment qui lui est nécessaire dans la plupart de ces domaines, si restreints, que crée l'application intelligente de la division du travail. Le seul cas qu'on doive considérer comme malheureux, est celui dans lequel l'esprit de l'homme ne peut trouver aucun intérêt au travail que celui-ci doit faire. Il est bien certain que ce manque d'intérêt résulte souvent d'un défaut d'aptitude, mais, dans la plupart des cas, il résulte plutôt d'une idée fausse, et ce n'est pas le motif d'intérêt qui fait défaut.

La subdivision du travail est absolument nécessaire. Si sa réalisation rencontre des obstacles dans une affaire, dans une industrie ou dans une nation, il en résultera forcément une perte d'énergie et, d'autre part, l'organisation qui réalisera la spécialisation la plus convenable deviendra la plus puissante. Cette subdivision développe une plus grande dextérité, une plus grande adresse, aussi bien qu'une meilleure compréhension des voies et moyens nécessaires pour l'obtention d'un but déterminé. Et cette dextérité d'opération cause moins de fatigue que les tâtonnements inséparables de tout travail du type primitif.

Travail exécuté dans des conditions extraordinaires.

Comme exemple d'un travail peu efficace, nous proposerons celui d'un plombier travaillant « en ville ». Le travail de cet ouvrier est alors si peu productif que nous l'accusons volontiers de paresse et de mauvaise volonté. Nous l'accusons de chercher à augmenter la dépense. Mais, en fait, les plombiers sont des hommes comme les autres, pétris de ce même argile dont a été fait le travailleur le plus efficace et le grand penseur. La vraie différence est qu'il est appelé à travailler dans toutes sortes d'endroits, dont il n'y a pas deux pareils, et qu'il ne rencontre jamais deux fois le même problème. Il doit penser et travailler dans les conditions les plus défavorables. Son travail est un exemple d'un cas extrême de la façon dont toutes les opérations mécaniques ont été pratiquées à l'origine, et nous voyons ici clairement que c'était une manière de faire tout à fait défectueuse.

Nous ne diminuerons pas la valeur de cet exemple en disant que le plombier est rarement sous la surveillance d'un contremaître ou de quelqu'un qui sache comment le travail doit être fait. Car, tout bien pesé, cela montre aussi que si les bons résultats de la division du travail sont dus, en partie, à une meilleure surveillance, cette surveillance n'est possible que grâce à la subdivision, non seulement du travail des ouvriers, mais aussi du travail de ceux qui les dirigent.

Il faut un homme très fort pour donner des instructions à notre plombier et lui dire comment il faut faire le travail en dehors d'un atelier, car il est déjà extrêmement difficile de diriger le travail dans une usine, si chaque ouvrier doit faire une grande variété de travaux différents. En d'autres termes, la subdivision du travail est aussi favorable à la surveillance et à la direction du travail qu'à son exécution.

IV

Les points de vue différents qu'on rencontre dans l'industrie.

Nous examinerons maintenant les points de vue auxquels se placent chacun des dirigeants de toute industrie. Tous ces points de vue diffèrent plus ou moins. L'inventeur, l'homme d'affaires, le financier, le chef d'atelier n'ont pas le même et il en résulte des attitudes nettement différentes.

Commençons par l'inventeur.

L'inventeur est pénétré de la nécessité d'apporter de nouveaux perfectionnements à la machine qu'on va fabriquer, et voit ce qu'il faudrait faire pour cela. Il voit, par exemple, que certaines grosses machines qu'on va mettre en fabrication ne sont que des agrandissements de premiers modèles de petites dimensions et il sait qu'à un changement de dimensions doit toujours correspondre un changement dans la forme. Tout le monde sait qu'une roche de granit pesant quelques tonnes, ne reste pas en suspension dans l'air même par un grand vent, tandis qu'une parcelle de la même roche peut être entraînée par une faible brise et tenue en suspension par un petit courant d'air. La surface de la parcelle de granit, est généralement grande eu égard au poids. Partout, un changement de dimensions entraîne un changement de forme.

L'inventeur voit aussi qu'en construisant la grosse machine pour le but spécial qu'elle doit remplir, et non sur le modèle de la petite machine, on réaliserait une économie importante.

Il trouve absolument incroyable que la direction se refuse à suivre cette ligne de conduite, car l'inventeur, comme les autres, a beaucoup de peine à se représenter qu'il n'existe pas deux personnes qui aient exactement le même point de vue ou la même qualité de vision.

L'inventeur se trouve encore contrarié quand il désire apporter de nouveaux perfectionnements à la petite machine. On ne veut pas de changements. Il trouve cependant que le succès de ses travaux précédents devraient être une garantie suffisante des avantages de ce qu'il propose.

Essayez de prouver à l'inventeur que c'est précisément au point de vue de la réduction de la dépense qu'il faut s'opposer au changement qu'il propose, et vous verrez que votre raisonnement ne produit pas sur lui le même effet que sur le directeur. Il ne peut pas admettre que le grand progrès réalisé par la nouvelle disposition ne justifie pas pleinement le supplément de dépense.

L'ingénieur des ateliers, celui qui doit veiller à la production, insiste aussi de toute son énergie pour faire adopter tel ou tel système d'organisation. Mais bien que tout le monde soit d'accord avec lui, en principe, pour reconnaître que ce système est bon, des raisons d'habitude font qu'on ne désire l'adopter que dans la mesure où il peut être facilement assimilé. Il faut compter avec l'inertie de l'esprit et du corps. On préfère quelquefois laisser à l'ouvrier une certaine indépendance dans ses mouvements pour qu'il acquière ses habitudes sans s'en apercevoir. Car il n'est pas douteux qu'une certaine liberté de l'esprit et du corps est indispensable à la santé et au bonheur de l'homme. On lui objecte enfin que l'ancienne manière a encore du bon, qui fait faire à l'homme, de temps en temps, pendant son travail, une course à la forge, à la meule, ou au magasin, pendant laquelle il peut échanger quelques mots ou quelques plaisanteries avec ses camarades. Cette petite diversion qui repose son esprit et ses muscles prend, il est vrai, un peu de temps, mais contribue à le conserver en bonnes dispositions physiques et morales.

Le point de vue du directeur.

C'est au directeur qu'incombe le devoir de faire un choix entre ces différents points de vue. Pour faire ce choix, il doit voir les choses de très haut.

Le directeur sait que ce sont des hommes qui construisent, achètent et emploient les machines, et il en tient compte, quand il fait son choix dans les dispositions que ces dernières doivent présenter. Il sait qu'il faut du temps pour apporter des changements dans les idées ou dans les habitudes.

Le directeur sait très bien que les constructeurs de machines ont fait tomber les prix de revient à 1/5 de ce qu'ils étaient à l'origine, mais il sait aussi que tout changement, même secondaire, dans un modèle, entraîne souvent, dans le prix de revient, une augmentation momentanée de trois fois le prix habituel et même plus. La répugnance à faire des changements peut donc reposer sur de bonnes raisons, bien qu'on admette qu'au bout de deux ou trois ans, le prix de revient se trouvera ramené à un taux aussi bas que celui auquel il était avant le changement de modèle.

L'inventeur, le novateur, le vendeur ne pensent pas toujours à cela et certains directeurs non plus. Ainsi, tel directeur voyant l'enthousiasme avec lequel le service commercial accueille le nouveau modèle, et bien qu'il sache qu'on connaît les défauts du modèle précédent et que personne ne connaît encore les défauts du nouveau modèle, passera outre. Il faut bien aller de l'avant même si l'on doit le payer un peu cher. Et cependant le changement de modèle amènera dans la livraison des retards dont les conséquences pourront être graves, même si le nouveau modèle est trouvé beaucoup meilleur que le précédent.

Le directeur doit savoir aussi que, pour faire de bonnes affaires, il lui faut des types de machines faciles à construire, présentant pour l'acheteur un certain attrait et, enfin, ce qui n'est pas le moins important, que ces machines soient d'un usage commode. Cet emploi facile, cette commodité d'usage ont à ses yeux une importance qui prime tout.

L'importance du marché.

Pour apprécier la valeur d'un établissement industriel, on cherche habituellement à se rendre compte de l'importance du marché pour lequel il travaille.

L'étendue du marché du constructeur de machines dépend de la commodité ou du profit qui peut résulter de l'emploi de son produit. Il dépend aussi du nombre des ouvriers qui peuvent ou qui désirent faire usage de sa machine.

Comme ce sont généralement les chefs d'une affaire qui achètent les machines, on pourrait douter de la vérité de ce qui précède et, au premier abord, il semblerait que la facilité avec laquelle on trouve de bons opérateurs n'a que peu ou pas d'influence sur la vente. En y regardant de plus près, cependant, on voit que c'est là un point très important, car il n'y a pas de demande pour des machines pour lesquelles on ne peut pas trouver d'opérateurs.

Il n'est pas nécessaire que dans chaque maison se trouve un opérateur expérimenté attendant la nouvelle machine qu'on doit acheter, mais il faut que toute machine qu'on installe, puisse être mise en service promptement et d'une façon satisfaisante. Quand il se produit le moindre échec de ce côté, tout le monde en a connaissance et l'on n'achète pas la machine.

La facilité avec laquelle on peut former un ouvrier à la conduite de la machine dépend, bien entendu, de la simplicité de cette dernière et de la façon dont elle est comprise par les contremaîtres et les principaux ouvriers. Quand une machine a la réputation de donner satisfaction, on prend toujours la peine d'en faire la mise en route convenablement, et de former l'ouvrier qui doit la conduire.

L'importance du marché d'un constructeur de machines dépend donc surtout de la facilité avec laquelle ses machines peuvent être employées et ce point a la plus grande importance pour le directeur d'une fabrique de machines-outils. Il faut en tenir le plus grand compte quand on se décide à apporter des perfectionnements et des changements dans une fabrication. On ne doit jamais perdre de vue l'homme qui doit faire usage de la machine.

Les perfectionnements donnent souvent des ennuis.

On ne doit faire aucun perfectionnement ou changement dont l'intérêt ne soit facilement compris par le fabricant, le vendeur ou le consommateur. Des changements qui ne peuvent être acceptés qu'avec un certain effort, peuvent avoir l'avantage de stimuler les facultés d'assimilation de l'individu ou de l'usine, et peuvent être l'occasion de succès brillants, mais il ne faut pas les admettre trop facilement.

Les changements qui tendent à la simplification et à l'amélioration, en supprimant quelque chose de mauvais, sont certainement tout indiqués, mais, même dans ce cas, la direction ne doit pas oublier que chaque nouveau perfectionnement ne va pas sans ennuis pour le fabricant ou pour le consommateur et qu'*une disposition nouvelle ne devient réellement bonne qu'avec le temps*. Mais alors elle est devenue vieille, ses défauts sont tous connus et l'inventeur se joint au service commercial pour faire diminuer les bénéfices en poussant la direction à faire un pas de plus en avant.

Nous pensons qu'on ne nous accusera pas d'avoir l'intention de réduire l'importance du rôle du chercheur, ni de conseiller la stagnation des modèles de machines. Nous sommes les premiers à trouver qu'aucun établissement ne doit aujourd'hui se tenir en dehors du progrès. Mais nous nous efforçons de faire bien comprendre aux dirigeants de l'industrie ce qu'est l'inertie humaine, en matière de changement et de progrès. Ils doivent être pénétrés de son importance et ne jamais la perdre de vue, comme aussi tout contremaître qui propose une amélioration.

On ne peut arrêter le Progrès.

Mais, me direz-vous, le progrès doit-il donc s'arrêter dans l'industrie? Les hommes de progrès doivent-ils disparaître et les ultra-conservateurs, les routiniers doivent-ils survivre seuls? Ne doit-on pas dire un mot en faveur du progrès, du moins en ce qui concerne certaines parties des organisations industrielles? Ne peut-on au moins faire allusion aux avantages qui peuvent résulter de l'invention?

Vous vous êtes certainement fait la réponse qu'appelle

chacune de ces questions, car vous savez qu'aucun être raisonnable ne voudrait aujourd'hui conseiller d'étouffer l'invention, ni de mettre une barrière au progrès.

Nous savons que c'est l'homme de progrès intelligent qui doit survivre, et que, partout, dans l'industrie, doit se produire un changement continu en mieux. L'invention doit jouer son rôle dans la réalisation de ce progrès si désirable, mais on a tant parlé des merveilleux avantages économiques de tel ou tel système de direction, et on a si peu parlé du problème de l'inertie qu'il semble nécessaire de dire quelques mots de cette dernière pour rétablir l'équilibre.

Capacité d'assimilation pour les idées nouvelles.

La capacité d'assimilation que possède le monde industriel donne la mesure des progrès qu'il peut réaliser. Cette disposition à entrer dans de nouvelles idées, et à employer de nouvelles méthodes de travail, n'est pas la même pour tout le monde, et elle n'est pas la même pour toutes les organisations. Il existe du reste des moyens permettant de développer notablement cette capacité d'assimilation. On adopte plus facilement les idées nouvelles quand elles sont présentées par des partisans enthousiastes. Cela stimule l'intérêt. Toutes les fois qu'on essaye de les introduire par la force, on n'aboutit qu'à produire une indigestion.

La capacité d'assimilation d'une « affaire » peut être développée notablement par tout projet d'organisation capable d'éveiller l'intérêt.

La nouvelle organisation doit viser à obtenir une augmentation du rendement, et, généralement aussi, une amélioration de la qualité du produit. Mais, il ne faut pas admettre que pour réaliser ce progrès, elle puisse arrêter momentanément la production. Elle doit être basée sur une connaissance approfondie de toute l'affaire. En d'autres termes, elle ne doit pas seulement porter des fruits dans un avenir éloigné, mais, si possible, dès le moment où on l'emploie.

Tout le bénéfice ne se traduit pas par de l'argent.

Les points les plus importants de l'économie d'une affaire, dont le « novateur » doive tenir compte, sont ceux qui permettent ou permettront à l'affaire de « payer ». Il ne s'en suit pas nécessairement qu'elle « paye » en dollars et en cents dès le début, mais elle doit « payer », augmenter son actif de plusieurs manières. Le bénéfice obtenu doit être représenté par des dollars et aussi par autre chose.

L'affaire ne peut pas payer en dollars, si cette autre chose fait défaut. Par « cette autre chose » on doit entendre : une bonne organisation, reposant sur les meilleures conditions d'esprit et de corps de chacun des collaborateurs d'un ordre quelconque. C'est de cela que dépend la stabilité de l'affaire.

Peu importe que le directeur d'une affaire désire la conduire pour cette autre chose exclusivement ou pour les dollars exclusivement, il sera obligé de reconnaître que l'un ne va pas sans l'autre. Il est forcé de faire produire de l'argent à son affaire, s'il désire en faire une organisation idéale pour chacun des membres de la famille humaine qu'elle comporte. Et, *vice versa*, il doit s'efforcer de mettre tous les travailleurs dans les conditions les plus favorables, s'il désire prendre les intérêts du capital engagé, en réalisant une organisation stable et qui ait des chances de vivre un certain temps.

Ce que nous disons ici n'a d'autre but que de dissiper tous les doutes sur l'importance, ou la nécessité, qu'il y a à « faire payer une affaire ». Qu'il soit bien entendu qu'on ne doit admettre dans un système de direction, quoi que ce soit, qui soit contraire aux intérêts réels des travailleurs.

Il faut choisir pour chacune des différentes positions les

hommes les plus capables de les remplir. Ceci ne vise pas seulement les simples aptitudes physiques ou intellectuelles ; il faut encore que chaque position soit remplie par celui qui la désire, et qui sait que c'est dans cette position qu'il peut le mieux employer ses facultés. Les hommes mécontents se font toujours traîner. Il vaut mieux que chaque position soit remplie par un homme qui est tout juste capable de la remplir que par un homme qui est fait pour une situation bien supérieure.

Il est bien entendu que ceci est l'idéal, et que c'est à cela qu'on doit tendre toutes les fois que la chose est possible, mais, en règle générale, il est plus facile de trouver des hommes remplissant tout juste leur emploi que de trouver des hommes qui lui soient bien supérieurs. Cette manière de voir conduit à recruter le personnel de préférence « dans l'affaire » et c'est un stimulant pour tous ceux qui la composent.

V

Le développement de la capacité d'assimilation.

Nous avons dit que le changement doit toujours être d'une digestion facile et que c'est une nourriture qui ne comporte pas le gavage ; que l'ingestion ne doit pas excéder la digestion. Nous avons dit aussi quelques mots de l'importance qu'il y a à rendre la digestion facile et rapide, en maintenant l'organisation dans des conditions telles qu'elle se prête sans difficulté au changement.

Il va sans dire qu'il faut prendre en considération l'inertie de pensée et d'habitude qu'on rencontre chez tout le monde, mais il est très difficile de dire dans quelle mesure on doit le faire.

On dirige d'autant mieux, que l'on sait apprécier plus exactement la « réceptivité » de ceux que l'on doit conduire ; réceptivité de pensée et d'action du personnel de l'affaire, depuis le simple manœuvre jusqu'à l'administrateur et aussi, réceptivité de tous les hommes des autres organisations, subissant dans une certaine mesure, l'influence de l'organisation considérée.

De même que la nourriture est plus facilement digérée quand elle est agréable au palais, de même la réceptivité, ou puissance d'assimilation, peut être augmentée par la présentation sous une forme agréable des nouvelles idées ou des nouvelles méthodes. Une conception parfaite des effets de cette inertie de la pensée et de l'habitude, aide à comprendre pourquoi la spécialisation permet d'atteindre un aussi grand rendement.

C'est ce point de vue humain qui est la clé de l'art de la direction. Quand on n'en tient pas compte, on s'expose beaucoup à être handicapé dans son travail.

L'inertie agit de deux manières. L'homme de progrès souffre d'être astreint à un travail qui ne demande aucun effort intellectuel, et l'homme endormi souffre tout autant quand on vient lui parler de progrès.

Choix de l'outillage.

Quand on organise une affaire, on doit choisir des méthodes de travail qui facilitent le progrès. Quand on choisit des machines, on doit penser à se réserver la possibilité d'effectuer des changements.

En disant ceci, je n'ai pas l'intention de me lancer dans des théories contestées, ou de défendre un intérêt particulier, je veux seulement insister sur ce qu'on peut d'autant mieux espérer la réalisation du progrès que l'on emploie les méthodes qui le favorisent. L'inertie bien employée concourt alors au progrès au lieu de l'entraver, de même que la spécialisation conduit aussi au progrès quand elle est appliquée à la réalisation d'une machine perfectionnée.

Il y a quelques années, des constructeurs de machines ont trouvé qu'un certain nombre des pièces qu'ils devaient fabriquer pouvaient être faites par des « machines spéciales ». Ils ont évalué l'économie de main-d'œuvre qui résulterait de l'emploi de ces machines et ils ont reconnu qu'elles permettaient de faire passer l'économie réalisée sur la main-d'œuvre, de 75 p. 100 à 90 p. 100. Toutefois la façon très différente dont les avantages de ces machines très spéciales étaient appréciés leur a donné à réfléchir.

Ils constatèrent d'abord que les machines économisant 75 p. 100 de la main-d'œuvre coûtaient presqu'aussi cher que les machines économisant 90 p. 100. En poussant plus loin leur étude, ils trouvèrent que pour une production donnée, les machines qui économisaient 90 p. 100 avec leur premier équipement d'accessoires coûtaient en réalité trois ou quatre fois plus cher que les autres, mais que ce n'était pas une raison pour ne pas les employer, et les administrateurs se décidèrent en faveur des machines qui produisaient la plus grande réduction dans le prix de la main-d'œuvre. Voyons quel a été le résultat de cette opération.

Le prix de la main-d'œuvre n'est pas la seule chose à considérer.

L'emploi de ces machines exigeait que le travail fût conduit en plus grandes séries. Les plus grandes séries entraînaient de plus grands approvisionnements. Les machines, qui étaient plus ou moins automatiques, réalisaient l'économie de main-d'œuvre, non pas en poussant la coupe des outils à son extrême limite, mais en réduisant la vitesse de coupe et l'avance. Il le fallait pour qu'un homme pût surveiller plusieurs machines, car, dans la succession régulière des opérations du travail, l'opérateur se trouve rarement à la machine voulue au moment où son intervention devient nécessaire.

Il fallut tripler le nombre des bâtiments pour trouver la place nécessaire à l'installation de ces machines. Les années s'écoulant, on trouva aussi que les grands approvisionnements conduisaient à emmagasiner des pièces démodées. Ceci ne ressortait pas clairement dans le rapport annuel parce que ces pièces faisaient partie d'un inventaire important et l'on ne fit pas de dépréciation sous prétexte qu'elles pouvaient être employées plus tard. On inventoria aussi, à leur valeur d'achat, une quantité d'accessoires démodés figurant à l'outillage et aussi un certain nombre de machines qu'on utilisait mal pour essayer d'employer des outils créés pour d'autres travaux. Puis on commença à trouver que tout changement de modèle entraînait des retards insupportables dans la fabrication. Il fallait environ six mois pour préparer un outillage spécial, et il semblait bien dur d'être handicapé pendant six mois par cet équipement inflexible et sans adaptation possible.

L'augmentation des approvisionnements, le développement des bâtiments, le prix d'achat des machines et de leur premier outillage, les sommes immobilisées par le remplacement des outils et l'entretien de l'outillage, tout paraissait déjà assez fâcheux sans l'addition de cette barrière opposée à tout progrès, constituée par un équipement privé de toute faculté d'adaptation.

Production rapportée au capital.

Il est bien certain que personne n'aurait pu prédire, il y a quelques années, que l'acier rapide viendrait apporter des changements assez grands dans l'art de couper les métaux pour qu'il soit impossible d'obtenir, sans faire surveiller chaque outil et chaque machine par un homme, la plus grande production par dollar du capital représenté par une machine. Personne ne savait, il y a dix ans, que les « outils de forme » sont rarement ceux qui conviennent le mieux au travail du métal. Il est vrai que tout cela s'est produit en peu d'années ; mais il n'en est que plus vrai que tout le monde doit se souvenir que le capital placé dans une affaire, doit être employé là où il peut être le plus utile, là où il rapporte le plus gros intérêt.

Si le capital n'est pas employé de cette manière, l'affaire peut être sûre d'être coulée tôt ou tard. S'il faut dix fois plus de capital pour obtenir un produit donné, et qu'il n'en résulte pas une augmentation dans la sécurité du placement, ou dans le taux de l'intérêt par dollar placé, il est évident que la direction est mauvaise.

Il arrive souvent qu'un directeur ordinaire, plutôt optimiste, accepte le manque d'adaptabilité d'un outillage parce qu'il trouve que cet outillage simplifie sa besogne de l'heure présente, bien assez compliquée telle qu'elle est, et qu'il croit inutile d'y ajouter encore les craintes de changements dans l'avenir.

Principes fondamentaux.

On ne fait des affaires florissantes, on n'acquiert une situation importante qu'en suivant une ligne de conduite conforme aux grands principes d'économie industrielle.

L'état actuel de nos affaires ne doit pas nous faire perdre de vue l'existence de conditions nouvelles dans l'industrie.

Ces conditions nouvelles proviennent de la grande complexité qu'on rencontre, et dans le machinisme, et dans la vie industrielle moderne.

Pour bien les comprendre, au point de vue humain, il faut tenir grand compte de l'aberration à laquelle notre vision est soumise.

Dans ce qui précède, j'ai insisté sur l'importance qu'il faut attacher à la compréhension parfaite de son semblable. Quand on s'y applique, on reconnaît que ce semblable est en réalité un bon diable dont l'esprit n'est pas plus mal tourné que le nôtre.

J'ai dit que nous n'avons pas tous la même manière de voir.

J'ai fait voir ce qu'est la puissance de l'habitude qui assure la stabilité et permet de réaliser le progrès.

J'ai montré les effets que l'inertie de l'esprit et du corps exerce sur chacun de nous et sur les autres.

J'ai montré que je voyais dans l'inertie, la propriété que possède un corps de conserver sans changement, l'état de repos ou de mouvement dans lequel il se trouve et qu'un effort intelligent dirigé contre l'inertie qu'oppose la stagnation, conduit au progrès.

Si nous voulons continuer à travailler comme nous avons travaillé jusqu'ici, nous devrons nous contenter d'approcher, tout au plus, de la tête de la colonne, mais ce n'est pas nous qui conduirons la marche. Nous constatons aujourd'hui le développement d'un très grand esprit de progrès dans d'autres pays. Je crois que nous avons été et que nous sommes encore les promoteurs sous bien des rapports. Je crois que nous pouvons continuer à faire des progrès, mais si nous en faisons, ce doit être par le développement d'une intelligente spécialisation. Spécialisation, en vue du progrès, dans tous les détails de la fabrication d'une machine donnée. Et cela peut se faire sans contrarier les lois de l'habitude et de l'inertie.

DEUXIÈME PARTIE

QUELQUES APERÇUS NON TECHNIQUES DE L'ÉTUDE DES MACHINES

VI

Quelques aperçus non techniques de l'étude des machines.

Le chapitre qui suit est donné sous sa forme primitive de communication à l' « Engineering Society of the Stevens Institute of Technology ». Il vient éclairer sous un angle différent le sujet de l'habitude, auquel le chapitre précédent a été plus spécialement consacré, et montre tout particulièrement combien il est important pour l'inventeur (ou l'ingénieur), comme pour tout le monde du reste, de ne pas perdre de vue, pendant un seul instant, l'effet de l'habitude dans les méthodes d'action et de pensée. L'ingénieur doit développer ou combattre en lui-même les façons de penser ou d'agir qui lui sont naturelles, suivant qu'elles peuvent, ou ne peuvent pas, créer un état d'esprit favorable au travail. Il doit s'appuyer sur l'habitude pour permettre à son esprit de s'appliquer avec suite au sujet qu'il aura choisi, mais il doit combattre toute tendance à suivre des habitudes de pensée résultant du souvenir d'anciennes formes ou d'anciennes méthodes. Enfin, il doit se souvenir que ses inventions doivent être facilement réalisées, facilement vendues et facilement employées par des hommes dont il ne peut pas facilement changer les habitudes de pensée et d'action.

Ceci est aussi important pour l'ingénieur des études que pour ses collaborateurs de la direction ou des autres services.

L'aptitude naturelle.

Avant d'aborder la question de la conception d'une étude de machine, on peut se demander à quoi on reconnaît l'aptitude naturelle nécessaire pour réussir dans une pareille étude ? On ne voit, au premier abord, rien qui permette de le discerner à l'avance. Cependant, certaines caractéristiques du tempérament exercent sans doute une grande influence sur le succès final de ces travaux.

Il faut que le tempérament supporte facilement la continuité de la pensée sur un sujet donné, et il faut aussi qu'il soit capable de prendre un réel intérêt au sujet.

Si ces caractéristiques font défaut, cela peut provenir de ce que, de nos jours, les distractions se présentent en foule à l'esprit, plutôt que d'un manque d'aptitude naturelle. Il est essentiel qu'on prenne assez d'intérêt au travail pour s'y absorber. On peut du reste développer cet intérêt en se conformant aux principes bien connus de la psychologie orthodoxe. Mais la torture qu'on s'inflige, ou le surmenage, ne sont pas, à beaucoup près, d'une aide aussi efficace, pour cela, qu'un sérieux effort de la volonté maintenant le sujet choisi au centre réel de la pensée consciente.

Le sujet qui se présente à l'esprit quand les appels de l'extérieur cessent d'attirer notre attention, pendant une accalmie, ou encore celui qui s'impose à l'esprit même quand d'autres sujets sont certainement plus en évidence, est le sujet qui occupe le centre de notre attention consciente. C'est l'idée dominante ou le but.

Ordinairement, ce qui se présente à l'esprit ne fait que

créer des diversions. Ce sera par exemple le cauchemar que nous cause quelque travail laissé inachevé ou quelque obligation que nous n'avons pas remplie. Si l'esprit est dominé par des pensées de ce genre, ou par toute autre chose que le véritable problème qu'il faut résoudre l'individu est sérieusement handicapé.

Quand on entreprend l'étude d'une machine, il faut que l'esprit en fasse son véritable centre d'attraction. Quand on est moyennement doué pour ce travail, ce n'est pas chose difficile, mais encore faut-il s'y prendre convenablement.

Répétition de la pensée.

Pour amener d'une façon durable, au foyer d'attraction, le sujet qu'on a choisi, il faut y penser au moment où l'on n'est pas bousculé par d'autres affaires. De même que les astronomes attendent le moment où ils peuvent le mieux voir, l'ingénieur qui veut faire un projet doit attendre le moment psychologique. Mais tandis que les meilleures conditions de vision pour l'astronome ne dépendent que dans une petite mesure de ses dispositions physiques et, au contraire, dans une grande mesure de l'état de l'atmosphère ; pour l'ingénieur, la plus grande lucidité du cerveau dépend surtout des dispositions physiques et mentales dans lesquelles il se trouve.

Il est probable qu'il n'existe pas deux hommes dont les cerveaux soient affectés de la même manière par les objets qui les environnent, ou par les conditions physiques dans lesquelles ils se trouvent, mais il n'en est pas moins vrai qu'il existe un temps et des conditions plus favorables que d'autres pour entretenir certaines pensées, ou pour se livrer à certains travaux. Faute d'en tenir compte, un homme naturellement bien doué fera l'essai de ses ailes à un moment inopportun et, s'il ne réussit pas à s'enlever, restera fermement convaincu qu'il n'avait aucune disposition pour voler.

Ceci s'applique également bien à tous les genres de travaux. Il se peut que cela ne soit pas rigoureusement vrai pour un homme parfaitement normal (si toutefois il existe des hommes qui méritent cette qualification) mais on peut en faire sans crainte l'application au plus grand nombre des travailleurs dans le champ qui nous occupe et dans beaucoup d'autres.

Tout ce que nous venons de dire n'a pas tant pour but de bien montrer comment l'ingénieur doit établir ses projets, que de faire connaître l'état d'esprit dans lequel doit, avant tout, se trouver celui qui entreprend ce genre de travail.

Les conditions physiques dépendent plus ou moins de l'humeur et l'humeur dépend dans une grande mesure de l'état du corps. L'allure forcée est rarement celle qui convient le mieux, mais, par contre, une allure tout à fait indifférente a bien peu de valeur. Les meilleures conditions pour la plupart des gens sont celles que procure un milieu calme donnant à l'esprit et au corps la tranquillité qui leur est nécessaire, ou mieux encore, les mettant dans un état de repos complet et de fraîcheur.

Concentration de l'attention.

Le calme de la fin du jour est presqu'aussi bon pour la lucidité de l'esprit que les premières heures du matin, surtout si la journée n'a pas été trop chargée et si l'on a fait un usage convenable de son activité.

On cite quelquefois des exemples en faveur de l'allure forcée, mais presque tous ces exemples sont très discutables. Quand on y regarde de près, on voit que le bon travail qu'on a fait à toute vapeur est souvent dû aux idées latentes, résultant d'un travail à tête reposée. On peut dire que l'état d'esprit, et la façon dont l'esprit est occupé par l'idée dominante, sont les conditions nécessaires à l'accomplissement d'un bon travail.

On ne commande pas l'intérêt par la force, mais on peut le tenir en éveil.

On peut encore résumer ce qui précède en disant que l'ingénieur qui fait un projet doit, non seulement s'intéresser à un problème en particulier, mais qu'il doit s'y intéresser de telle manière que toute autre pensée, même se rattachant à des travaux semblables, soit chassée de son esprit. On trouvera sans doute qu'il est inutile de dire « intéressez-vous à votre travail » si l'on ne peut indiquer un moyen d'éveiller l'intérêt. Nous savons très bien que l'intérêt ne naît pas à volonté et que même un travail acharné ne peut le forcer à se montrer. Mais il peut être invité à s'établir par un procédé facile à employer, du moins chez un sujet normal, à la condition, toutefois, que ce sujet n'ait pas laissé s'enraciner par trop profondément chez lui, des habitudes de pensée d'un ordre tout à fait différent.

Tout sujet normal peut, avec le concours d'une volonté tenace, acquérir des habitudes de pensée en reportant son esprit au groupe d'idées qu'il a choisi. C'est là un procédé relativement facile à employer pour éveiller l'intérêt. Quand l'intérêt véritable existe, le bon travail suit naturellement et devient un plaisir au lieu d'être un ennui.

Nous n'avons pas la prétention de faire un sermon. Nous cherchons simplement à attirer l'attention sur des faits connus de tout le monde, que nous désirons implanter tout particulièrement dans l'esprit de l'ingénieur qui étudie les machines.

Il est vrai que beaucoup d'ingénieurs ont fait d'excellents travaux sans penser un instant aux problèmes de la psychologie. Mais, dans ce temps de lutte à outrance, ne vaut-il pas mieux tirer profit de tout ce qui peut aider à réaliser le résultat cherché.

La complication des mécanismes a atteint de nos jours un tel point que les jeunes ingénieurs sont presque accablés par la seule pensée d'avoir à bien connaître les machines existantes. Mais, pendant que le monde des machines faisait des progrès, on a aussi de mieux en mieux compris le fonctionnement de la machine pensante. Nous devons nous servir de cette connaissance plus complète pour assurer le succès de nos travaux et tout d'abord étudier la manière la plus efficace de l'employer. Nous arrivons au moment où il faut faire usage des méthodes qui économisent l'énergie mentale.

Il n'est pas nécessaire de sortir des limites de la « science orthodoxe de l'établissement des projets » pour obtenir, d'un cerveau donné, les meilleurs résultats. Nous savons depuis des siècles que les hommes ont tendance à prendre des habitudes de pensée aussi bien que des habitudes d'action, que les habitudes de pensée sont comme des ornières, qu'on rencontre partout où l'esprit voyage, et que ces ornières ramènent constamment l'esprit à un groupe central d'idées, ou à un lien commun qui unit un groupe d'idées.

Établissement des ornières utiles.

Le vrai secret du succès consiste dans la création d'ornières utiles, d'ornières munies d'aiguilles qui puissent être manœuvrées à volonté par le cerveau, ou qui fonctionnent automatiquement, quand l'esprit aurait, sans elles, tendance à dérailler. Quand on a bien compris que les pensées, même celles qui sont fugitives, sont les germes de nos actes, on peut, sans faire de grands efforts, ou sans s'imposer de tortures, « chasser par un peu de fumée » les germes peu désirables et favoriser le développement du groupe de pensées que l'on désire entretenir. On dira peut-être que c'est là une méthode de paresseux. C'est possible, mais c'est une bonne manière de conserver l'énergie mentale et physique et c'est une manière qui donne de bons résultats. Toutefois en disant que les problèmes particuliers, au travail que nous avons entrepris, doivent se présenter automatiquement et agréablement à l'esprit, quand il se produit une accalmie dans les impressions que nous éprouvons forcément par ailleurs, nous n'avons pas l'intention de dire que l'ambition ne doit pas avoir d'autre but.

L'esprit reçoit constamment des messages par l'intermédiaire des sens. Ces messages se succèdent avec une très grande rapidité et l'esprit humain fait automatiquement son choix parmi ceux qui se rattachent à ses habitudes de pensée.

L'habitude de pensée qu'il s'agit d'acquérir est celle qui s'accorde le mieux pour chacun, avec le véritable intérêt.

Créer de bonnes habitudes de pensée est le point essentiel. Et c'est en s'y prenant comme on l'a dit plus haut, qu'on y arrive le plus facilement, c'est-à-dire, en écartant de l'attention les impressions qui la détournent et en lui permettant ainsi de revenir à son chenal naturel.

Il va sans dire qu'on doit s'y appliquer tout particulièrement pendant les heures de travail assidu, mais le moyen qui est réellement le plus facile, et le plus efficace, est d'effectuer cette direction de la pensée au moment de l'assoupissement ou du repos, au moment où toutes sortes de pensées fugitives se présentent à l'esprit.

Une bonne manière de créer des habitudes de pensée consiste à commencer par chasser les pensées ennuyeuses au moyen de pensées se rattachant aux problèmes professionnels. Quand on en a pris l'habitude, il devient facile de se débarrasser de toute autre pensée.

Les problèmes qui se posent.

En abordant le problème de l'établissement d'un projet de machine, on trouve un nombre, pour ainsi dire illimité, d'éléments à considérer. Le problème purement mécanique de la conception de la machine qui convient le mieux au but à réaliser, ne va jamais seul.

Quelles sont les dimensions qui conviennent le mieux à tel ou tel type de machines? Jusqu'à quel point faut-il en pousser l'étude? Une variété innombrable de questions se dressent à l'esprit et demandent une réponse.

En admettant qu'il soit possible d'établir une liste complète de tous les éléments dont il faut, plus ou moins, tenir compte, il est douteux qu'on puisse indiquer la marche à suivre pour se servir utilement de cette liste. D'une manière générale l'ingénieur doit être conduit, par une heureuse inspiration, vers le type de machine à la réalisation duquel il doit travailler.

Il y a sans doute des hommes capables de peser avec soin une variété pour ainsi dire infinie de déterminants, mais ces hommes manquent presque toujours de cette intuition dans le travail, qui fait de l'ingénieur un inventeur.

La meilleure manière de travailler, pour un homme ordinaire, consiste à garder dans l'esprit une vague peinture de tout ce qu'il faut réaliser, en concentrant l'attention sur un point en particulier.

Pour que les aptitudes d'inventeur donnent les résultats qu'on peut en attendre, il faut écarter complètement du centre de l'image qui se présente à l'esprit, le côté économique, le côté affaire, la fabrication, la vente, le profit personnel en argent ou en gloire. Même les pensées fugitives qu'on peut consacrer aux autres éléments semblent s'opposer au fonctionnement de l'esprit d'invention.

Il faut aussi s'occuper séparément des problèmes de fabrication, de vente, de brevet, d'organisation des affaires. L'intervalle qui s'écoule entre les moments où l'on étudie ces différentes questions doit être aussi grand que possible. Le cerveau paraît avoir besoin d'un avertissement préalable, de jours ou même de semaines, pour pouvoir aborder chacun de ces problèmes, du moins avec quelque chance de succès.

Dessiner au pied carré.

Dessiner des machines en se contentant de grouper des éléments bien connus pour atteindre un résultat donné, sans penser à réaliser rien qui approche de la perfection, c'est faire un travail de peintre en bâtiment. On couvre par jour tant de pieds carrés de papier. Le travail vraiment intelligent ne peut pas se mesurer comme cela. Il nécessite l'intervention d'une réflexion préalable, d'une sérieuse application, d'un vif intérêt et d'une conception bien assise.

Dessiner au pied carré est cependant une bonne préparation, et beaucoup de bons esprits ont été préparés aux études proprement dites par un travail de ce genre.

Tout le monde sait combien il est important qu'une machine soit étudiée de façon à remplir les conditions qui doivent en assurer le succès au point de vue mécanique et au point de vue affaire. Mais, quelqu'embrouillé que soit le problème, il ne faut pas que l'esprit se laisse dérouter, pendant qu'il groupe ses idées, par tous les différents côtés de la question qu'il évoque à chaque instant. Le point dont il s'occupe doit retenir toute son attention et il doit se placer dans les conditions les plus favorables pour le résoudre.

Mettre de l'harmonie dans le projet, est une opération qui vient après coup, et qui doit résulter d'une série de compromis, qu'on fait quand les différents éléments composant l'ensemble ont été étudiés, pour ainsi dire, séparément.

Le travail d'invention est distinct de l'étude des détails.

Quand on met un projet sur pied, au point de vue mécanique, on ne doit pas s'imposer un travail inutile en s'efforçant de faire des croquis corrects et à l'échelle. Si le cerveau s'applique au travail du dessinateur, il n'est plus en bonnes dispositions pour inventer. Le dessin exact montre souvent qu'il est nécessaire d'apporter des changements au plan général, mais ce n'est là qu'une chose à faire après coup.

L'idée fondamentale est le point de départ, et on doit en faire un croquis aussi complet que possible sans laisser rompre le fil si fragile de la pensée.

On ne peut pas obtenir, à volonté, une conception bien claire d'un projet. Quand on entreprend de faire un projet, on doit attendre, avec patience, le moment propice, comme l'astronome attend que l'air soit calme, et, comme l'astronome aussi, il faut avoir toutes les facilités sous la main. Il n'est de claire vision que pour l'œil qui se tient aux aguets.

Le pilote côtier qui se dirige vers le port à travers le brouillard, aperçoit une bouée à travers une petite éclaircie, tandis que le terrien regarde en vain.

Celui qui se lance dans l'heureux pays des projets de mécanique, ne doit pas chercher à donner de son invention des dessins complets, des spécifications et des modèles d'exécution, comme si le monde les attendait, l'haleine en suspens. Il doit chercher à percer l'obscurité qui le paralyse, comme le pilote regarde à travers le brouillard. La bouée, comme l'idée, peut n'apparaître que bien faiblement, mais cependant assez clairement pour guider d'une façon précise.

Les projets d'invention ne peuvent pas être suscités par un effort opiniâtre. Un pareil effort peut produire de petits perfectionnements d'un type donné, mais n'aurait jamais produit la turbine de Laval ou celle de Tesla.

Mon but n'est pas de diminuer le mérite des grands travaux qui ont été faits pour perfectionner des machines existantes, car c'est toujours à ces travaux de perfectionnement qu'il faut en venir. Ces travaux sont ceux qui demandent le plus d'efforts. C'est à eux que le monde doit la plus grande amélioration qui ait été apportée aux richesses naturelles, et nous avons contracté envers eux une grande dette. Le travail de perfectionnement est une phase inséparable de toute invention. Sans lui, aucune invention n'a de valeur. Mais, quant à présent, nous examinons la façon dont l'inventeur doit travailler quand il roule dans son esprit les idées fondamentales d'un projet de machine.

C'est probablement après une bonne nuit de repos que se produira la claire conception d'un projet de machine, surtout si l'ingénieur a été se coucher en pensant à son projet. Il arrive quelquefois que l'invention se présente à un moment de grande tension d'esprit, de dur travail physique ou d'anxiété mentale, mais, le plus souvent, c'est après un bon sommeil qui a rafraîchi le corps et l'esprit.

Après ce travail de conception, l'inventeur apporte son projet à la planche à dessin, au bureau des brevets, à l'usine, au service de vente, et, à chaque étape, il rencontre de nouveaux obstacles.

Le héros du grattoir.

La mise au net d'un dessin peut montrer qu'il est impossible de réaliser certains arrangements de pièces, et qu'il est nécessaire de remanier toute la disposition du projet pour le rendre pratique. Il faut être un véritable héros pour jongler avec les éléments rassemblés sur la planche à dessin. Il est nécessaire d'avoir une extrême patience et suffisamment de force de caractère pour savoir faire usage du grattoir. Cela peut aller jusqu'à l'héroïsme et l'on peut dire que le grattoir joue un rôle plus important que le crayon dans un bureau d'études. On trouve mille brillants chevaliers armés de crayons, pour un vaillant pousseur de gomme à effacer.

Une partie du travail du bureau des études consistant à mettre de l'harmonie entre les différents éléments, il faut faire un compromis entre le projet idéal du rêveur et les besoins de la fabrication, ou du service de vente.

Après le noble chevalier du grattoir, vient l'homme d'imagination dont les nerfs d'acier ont été trempés au contact si froid du monde extérieur.

L'homme d'imagination vise avant tout à construire une machine *parfaite*. Il poursuit son travail avec confiance, parce que chaque jour, chaque mois, chaque année, qu'il a consacrés à travailler assidûment dans la bonne voie, lui ont fait voir un peu plus clair. Il sait que le travail de l'année passée est défectueux, mais il trouve que le travail de l'année présente est presque parfait ; il en excepte, cependant, un seul point qui vient de lui passer par l'esprit, et pour lequel un petit changement est nécessaire ; il ne peut pas admettre qu'une machine puisse être construite sans ce dernier perfectionnement.

Il a tendance à voir les choses en beau. Sa mémoire lui rappelle volontiers les bons travaux du passé, mais elle se montre bien vague quand il s'agit de remettre sous ses yeux ses erreurs précédentes.

L'homme d'imagination « cuirassé ».

L'homme d'imagination « cuirassé » peut n'avoir pas l'air d'être un homme d'imagination ; il ne paraît pas agir comme un homme d'imagination, mais, en réalité, son imagination est celle du constructeur guidé par une sage pratique. C'est un homme qui permet à sa mémoire de lui rappeler, du passé, tout ce qui peut lui servir : échecs et succès.

Le rêveur qui a été cuirassé par l'expérience, laisse le dernier mot à la raison. On doit le placer immédiatement après le vaillant chevalier du grattoir, car il a le courage d'arrêter l'éternel rapiéçage du dessin pour qu'on puisse enfin faire quelque chose. Ce n'est pas lui qui laisse sa famille geler tout en poursuivant quelque grand projet consistant à scier et fendre du bois par la seule force de la volonté.

Si l'on jette les yeux sur les machines dont on se sert dans le monde entier, on voit que le monde entier a été fait par des machines bien imparfaites, et toutes les fois qu'on étudie le dessin d'une machine, on y trouve d'innombrables erreurs.

Quand une machine nous parait parfaite, nous pouvons affirmer, sans crainte de nous tromper, que nous ne la comprenons pas parfaitement, et l'on peut avancer avec certitude, qu'il n'y a pas d'autre machine parfaite que le nouveau modèle, *qui va être essayé* dans très peu de temps.

Quand on pense à tout cela, il n'est pas nécessaire de prendre beaucoup sur soi pour achever un dessin, bien qu'on le sache imparfait. Malheureusement, ce sont des pensées qui n'entrent pas facilement dans la tête des « mortels » ordinaires. Elles sont emportées par le torrent des idées qui poussent à faire de nouveaux perfectionnements. C'est pour cela qu'il est juste de placer très haut l'homme qui a le courage de terminer son dessin et de construire, même quand il se rend compte des défauts de son étude.

On peut du reste être encouragé à suivre cette ligne de conduite par la conviction que bien des perfectionnements qui se présentent à l'esprit peuvent n'être qu'apparents. En réalité, un changement n'est souvent qu'un changement, sans être une amélioration, et c'est à cela que se réduisent bien des grandes idées. Le spectre de la légion des échecs qui ont suivi ces « perfectionnements » ne peut donner que de bons conseils et il ne faut pas le chasser de l'esprit.

Se conformer aux conditions économiques.

En étudiant les différentes parties d'une machine, on doit se rendre compte de la nécessité d'arranger tel ou tel point, ou de s'écarter de telle ou telle forme théorique, simplement pour que les choses puissent s'accorder entre elles et il faut le faire sans hésiter. Il faut aussi que le tout s'accorde avec les conditions économiques.

Si la machine que nous considérons est une machine-outil, et si elle doit être mise en vente, la fabrication, la vente et l'usage qui en sera fait doivent entrer en ligne de compte. En ce qui concerne les machines-outils, une invention absolument nouvelle est une chose extrêmement rare, et une machine nouvelle absolument réussie, est une chose encore bien plus rare.

Nous devons nous souvenir que, tous tant que nous sommes, nous avons tendance à suivre les précédents et nous devons faire un effort pour arriver à envisager le problème à résoudre en lui-même, sans nous laisser entraîner dans une mauvaise voie par les solutions réalisées antérieurement par d'autres.

Le retour à la nature.

Une bonne méthode consiste à retourner à la nature, à peser les divers éléments sans s'embarrasser des précédents. C'est l'une de celles qui donnent les meilleurs résultats dans une création originale.

Admettons que le dessinateur cherche à sortir de l'ornière de l'habitude admise ; qu'il essaye de ne pas faire un wagon de chemin de fer ressemblant à une voiture à che-

vaux ; qu'il élimine tous les éléments inutiles des conceptions ,
antérieures ; qu'il cherche à réaliser la meilleure combinaison mécanique remplissant le but désiré. Admettons
même qu'il y réussisse complètement. Il peut encore
éprouver de grandes déceptions s'il a perdu de vue qu'il
n'est pas facile d'amener les autres à adopter une nouvelle
idée. C'est déjà bien que l'inventeur sorte de l'ornière, mais
en faire sortir les autres, c'est une autre affaire.

Cette connaissance de la force de l'habitude chez l'homme
doit donc être utilisée de deux manières :

Au moment où l'ingénieur s'efforce de réaliser une
machine qui remplisse le but proposé de la façon la plus
logique, il doit surmonter sa propre tendance à suivre les
précédents, puis, quand il en est à se demander quelle est la
machine qui peut être le plus facilement fabriquée, vendue
et employée, il doit tenir compte dans une grande mesure
de l'inertie des autres, car il ne peut pas espérer faire
changer rapidement cette inertie. Les réformateurs, dans ce
monde, se heurtent généralement à de grandes difficultés
quand ils tiennent trop peu de compte de l'inertie morale et
physique des hommes.

Celui qui dessine constamment des machines acquiert une
conception, plus nette que celle que peut avoir la majorité
des gens, de la façon dont une machine doit être étudiée et
de la façon dont on doit s'en servir. Il n'est pas nécessaire
pour cela de le supposer plus intelligent qu'un autre. Une
intelligence ordinaire s'appliquant à un sujet donné, y voit
plus clair qu'une intelligence d'un degré supérieur qui n'a
pas donné au sujet une attention suffisante.

Le côté technique ne suffit pas.

Que la conception plus ou moins juste résulte de l'aptitude particulière de l'ingénieur, ou de la façon dont il s'est

appliqué au sujet, il n'en est pas moins vrai qu'une conception correcte du côté technique ne suffit pas. L'homme qui voit clairement doit aussi se rendre compte que les autres ne voient pas de la même manière. Il doit savoir que l'esprit s'assimile automatiquement les choses qui l'intéressent et se met en garde contre les autres. On peut même dire que chez l'homme qui paraît chercher à comprendre quelque chose qui ne l'intéresse pas, il ne se produit qu'une impression bien superficielle, impression qui n'exerce pas d'influence appréciable sur les actes.

L'incapacité du public à comprendre les avantages d'un nouveau mécanisme, à l'inspection du dessin, ne constitue qu'une faible partie des ennuis que rencontre le novateur.

Il lui faut lutter contre les habitudes de pensée et d'action de tous les êtres humains qui se trouveront en contact avec la nouvelle machine. Ceci comprend tout le groupe des ouvriers de l'usine dans laquelle la machine est faite, ainsi que le côté affaire de cette usine et de l'usine dans laquelle on doit en faire usage. Et, après tout cela, le plus grand obstacle se rencontrera chez l'homme qui conduit la machine. Car c'est entre ses mains que la machine doit montrer ce qu'elle peut faire.

Quand nous voyons ce qu'est l'inertie intellectuelle et physique des hommes, nous sommes en droit de nous étonner qu'on ait jamais pu faire faire des progrès à la construction des machines. On peut même dire que si le commerce des machines-outils était en décroissance, on n'aurait absolument aucune raison pour proposer des machines-outils d'un nouveau modèle. Les personnes qui s'y arrêteraient seraient de rares exceptions. Les plus vieux ouvriers prétendent se tirer d'affaire tout aussi bien sans le secours des machines perfectionnées.

Nous ne disons pas cela pour récriminer. Nous constatons l'existence d'un grand fait, dont il faut tenir compte si l'on veut étudier des machines avec chance de succès.

Un homme un peu ardent peut difficilement accepter cette manière de voir, qui répugne aussi à celui qui cherche toujours le progrès. Il faut en tenir compte cependant pour mener son travail à bien sans éprouver trop de difficultés.

Du reste, cet ordre d'idées ne constitue pas une barrière au progrès. Si le novateur en tient compte, son travail n'en sera même pas retardé. Cela l'empêchera seulement de faire naufrage.

La manière la plus commode de perfectionner.

Il est vrai que certaines inventions, complètement nouvelles et d'une grande valeur économique, ont obtenu le succès par des moyens absolument contraires au principe de la conformité aux habitudes des hommes. Mais le moyen le plus commode d'assurer ce succès est celui qui consiste à conduire les améliorations et les inventions par les chemins que suivent le plus facilement les idées des personnes dont il faut tenir compte. On peut affirmer que c'est là une des clés de voûte du succès économique.

Le premier spécimen d'une nouvelle machine peut être construit sous la direction de l'inventeur et, s'il ne doit en être fait qu'un seul exemplaire, l'inventeur peut accompagner sa machine partout où l'on doit s'en servir. A force de patience, et de travail, il peut apprendre à quelqu'un à en faire usage. Mais, de nos jours, il est bien peu probable qu'on obtienne un grand succès économique en ne construisant qu'un seul exemplaire d'une machine, ou même en construisant un type de machine pour lequel il n'y a pas un grand marché. Nous n'avons donc à considérer que les machines faites en si grand nombre que la même personne ne puisse penser à diriger elle-même la fabrication, la vente et l'usage de ces machines.

Toutes les dispositions des machines doivent être plus ou moins conformes aux idées et aux habitudes de travail de tous ceux dont on doit tenir compte. Des solutions parfaitement logiques n'ont obtenu aucun succès parce que l'inventeur avait disposé les choses au rebours de l'habitude. Quand on sort de l'habitude, on se dirige à tâtons et il est difficile de trouver son chemin. On peut même dire que ce n'est pas une manière de se diriger car personne ne l'emploie.

Éviter les dispositions difficiles à comprendre.

Quand on est conduit à faire un changement radical dans les dispositions d'une machine, il faut que la nouvelle création soit comprise du premier coup d'œil. Il faut éviter les dispositions dont on ne saisit pas le but, ou les moyens qui sortent de l'ordinaire.

S'il est nécessaire de couvrir des organes en mouvement, on doit s'arranger de manière qu'on puisse les voir facilement. Ce qui ne se comprend pas attire beaucoup d'ennuis, et ce qui saute aux yeux est accepté sans résistance.

Les dispositions qui paraissent toutes naturelles permettent de réaliser facilement des améliorations et font bien venir le progrès de tout le monde, fabricants et employeurs. Ces dispositions stimulent cet appétit sain et naturel, bien qu'un peu faible, qu'on rencontre chez tout le monde, sans entraîner la perte de rendement économique résultant habituellement de l'emploi de nouvelles choses. La construction, la vente et l'emploi d'une chose réellement nouvelle exigent beaucoup de réflexion. Or, tout ce qui demande de la réflexion retarde l'action.

S'il nous fallait penser avant d'agir à chaque mouvement que doit faire notre pied, notre main, ou même notre langue, les mouvements de ces membres se trouveraient considérablement ralentis. Les affaires se concluent et le travail s'exécute de la façon la plus économique quand elles se concluent, ou se font, en vertu de l'expérience et de l'habitude acquises.

Il est bien certain que la pensée revêt une forme plus ou moins différente suivant l'homme, ou suivant le travail que cet homme exécute, mais on peut dire, d'une manière générale, que c'est quand nous pensons par habitude que nous pensons sans effort, et sans contrainte.

Toute nouveauté entraîne un retard dans l'expédition des affaires, ou du travail, parce qu'elle impose au cerveau un véritable effort. C'est un des points les plus importants qu'il faille saisir et dont il faille se souvenir quand on apporte un changement à une machine ou, d'une manière plus générale, quand on veut produire quelque chose de relativement nouveau.

Sortir de l'ornière.

Nous avons dit, en parlant de l'inventeur, qu'il réussit d'autant mieux, qu'il sait mieux sortir de l'ornière d'idées et de pratique, dans laquelle il se trouvait naturellement engagé; que ses efforts doivent tendre à faire une machine qui réponde aux besoins économiques et aux besoins de la pratique; qu'il doit se souvenir que jamais personne ne sort de l'ornière sans une terrible secousse. Pour être dispensé de tenir compte de ce dernier fait, il faut que l'inventeur s'appuie sur une invention d'une bien grande valeur. En autres termes, le succès de son travail dépend beaucoup plus de la facilité avec laquelle ce travail sera compris et employé, que de ses mérites en tant que conception de mécanique rationnelle.

Si l'inventeur prend conseil, pour construire sa machine, de ceux qui sont à la tête d'une affaire, ou de l'un des membres

de la partie commerciale de cette affaire, on lui dira qu'on a
grand besoin de quelque chose de tout à fait nouveau, de
quelque chose qui soit radicalement différent de ce qui existe,
et qui possède beaucoup de points « dont on puisse parler ».

Les hommes qui poussent une affaire sont, à de rares
exceptions près, plus optimistes que les ouvriers, ou plus
généralement, que les hommes qui font vraiment usage de
la machine. Mais l'ingénieur qui fait le projet ne doit perdre
de vue ni les besoins réels, ni les obstacles qui se dressent
devant le succès.

Les plus grandes qualités d'une machine sont les sui-
vantes : réalisation du résultat par des moyens faciles à comprendre ; simplicité et bon rendement ; facilité d'adaptation
aux habitudes de pensée et d'action de ceux qui doivent la
fabriquer et de ceux qui doivent l'employer.

Tout ce qui, dans une machine, ne peut pas être facilement compris par ceux qui doivent la construire, la vendre,
l'acheter ou en faire usage, constitue un obstacle au succès.
Il importe peu, pour le succès final, que la machine puisse
 tre facilement comprise par un dessinateur, ou par un directeur, ou que ce soit une machine qui puisse faire des mer-
veilles entre les mains d'un ouvrier d'une grande habileté.
Le succès économique véritable dépend du nombre des
machines de ce type qu'on peut faire employer dans les ateliers ; et le nombre des machines qui peuvent être employées
dans les ateliers dépend de la facilité avec laquelle les véri-
tables travailleurs en prennent possession et la manient.

Pour se faire une idée exacte de la valeur de la machine,
il faut donner un coup d'œil à l'aspect que présente la maison qui la construit. En estimant la valeur d'une maison de
construction de machines, on parle généralement de la
valeur de la « Raison Sociale ». Nous désignons cela, en
anglais, par un mot excellent « Good will » « Bon vouloir ».

C'est bien en effet le bon vouloir du personnel, le bon vouloir de la clientèle, qui donne une valeur à la raison sociale.

La véritable valeur d'une affaire.

Tout le monde sait que la valeur d'une affaire qui marche est tout à fait différente de la valeur d'une affaire morte, de même que la valeur d'un cheval vivant n'est pas celle d'un cheval mort, mais il est assez difficile de dire en quoi réside ce supplément de valeur de l'affaire. L'inventaire qui ne contiendrait pas un chapitre représentant la vie de l'affaire pourrait ne pas donner une idée exacte de sa valeur. La valeur réelle peut être plus grande que celle qui résulte des sommes portées à l'avoir. En fait, on s'arrange généralement pour que l'inventaire atteigne un chiffre correspondant à la puissance de production. La puissance de production d'une affaire de construction de machines dépend, pour beaucoup, du chiffre d'affaires qu'on peut réaliser par la vente de chaque type de machine, pris séparément. Les commandes pour une machine donnée peuvent affluer à la suite d'une campagne de publicité bien faite, d'un genre ou d'un autre, mais l'aide que cette campagne peut donner, tout important qu'il soit, n'est que peu de chose en comparaison de la réclame faite par un grand nombre d'ouvriers habitués à se servir de cette machine, et s'en servant avec plaisir, ou encore, par un grand nombre d'hommes qui ne connaissant la machine qu'à moitié, ont cependant le plus grand désir d'apprendre à s'en servir pour s'assurer un bon travail.

L'augmentation d'importance du chiffre d'affaires vient encore ajouter à la valeur de cette machine. Il concourt au perfectionnement de tout ce qui la concerne, parce qu'il entraîne forcément une grande répétition dans les pensées et dans les actions, et c'est ce qui fait la base du succès.

Comme la machine dont nous nous occupons doit être

conduite par des hommes, elle doit être construite non seulement en conformité de leurs habitudes d'esprit et de corps, mais aussi en conformité de l'éducation d'esprit et de corps qu'ils ont subie. L'homme qui après avoir fait la queue à un guichet, disait qu'il aimait encore mieux faire dix milles en marchant que de piétiner pendant cinq, exprimait un fait important dont nous devons nous souvenir quand nous étudions des machines. L'être humain ne doit être ni gêné dans sa liberté d'action, ni surmené par un travail pénible.

La contrainte physique de l'ouvrier.

Si l'usage d'une machine provoque une certaine aversion de la part de l'ouvrier qui la conduit, ou lui cause une gêne physique, tôt ou tard, cela se retournera contre le succès économique de cette machine.

Nous avons indiqué quelques-uns des problèmes que l'ingénieur doit résoudre, et nous avons conseillé d'employer pour arriver à leur solution la méthode bien connue de l'examen mental. Un bon observateur, s'appliquant à l'étude des hommes et des machines, arrive à connaître les uns et les autres, bien qu'il ne possède pas, à proprement parler, ce qu'on appelle une éducation pratique ; un autre, n'y parvient qu'en travaillant dans l'atelier pendant des années.

Pour l'homme ordinaire, l'éducation pratique doit être considérée comme absolument indispensable, qu'il s'agisse de construire, de vendre ou d'employer les machines.

Le premier avantage de cette éducation est de permettre d'étudier les choses en action. On voit à l'atelier comment une machine exécute le travail et quel est son point faible. On y voit aussi mille et une choses qu'on ne voit bien que pendant le travail, mais il est surtout une chose que donne l'éducation pratique, chose aussi importante pour la partie administrative ou commerciale, que pour la conduite de l'atelier, c'est la connaissance de l'homme, de sa mentalité et de ses tendances.

Un observateur perspicace reconnaît promptement qu'on ne réussit pas dans le monde de la mécanique sans bien comprendre les hommes qu'on y rencontre.

Tous les hommes se ressemblent.

L'une des premières choses que l'on apprenne dans les ateliers, ou dans les bureaux, est que tous les hommes se ressemblent. La seconde est que, du plus grand au plus petit, chacun n'est ce qu'il est que parce qu'il a subi l'action, régie par des lois naturelles, de certaines influences physiques ou morales. Il n'est généralement pas nécessaire de faire intervenir l'hérédité pour expliquer les différences que l'on constate. Nous avons devant les yeux, dans l'ambiance de l'homme, des éléments bien suffisants pour expliquer toutes ces différences.

En règle générale, une bonne compréhension des hommes nous conduit à avoir pour eux les égards convenables, tandis que le défaut de compréhension du voisin (ou ce qui revient au même, le fait que le voisin ne vous comprend pas) peut créer un état de tension nous amenant à penser que ce voisin n'est qu'un être dont les sentiments ou les intérêts ne valent pas la peine de retenir l'attention.

Qu'on vive dans l'atelier, ou qu'on prenne part à la direction, ou à la gestion financière d'une affaire, on trouve généralement que, dans ce monde du travail, le voisin est un bon garçon quand on est arrivé à le bien comprendre.

Si nous acceptons provisoirement cette affirmation, et si nous la méditons avec l'intention bien arrêtée d'arriver à en sentir la vérité, nous obtiendrons, par le procédé « Royal » un résultat qui nous aurait coûté beaucoup de temps, et probablement des écoles pénibles, si nous nous y étions pris autrement.

Voilà ce qu'il faut savoir pour réussir quand on dessine des machines.

Il est vrai que bien des gens ont réussi tout en adoptant une attitude différente, mais les ingénieurs de l'avenir ne doivent négliger aucun moyen pour réussir.

L'atelier dans lequel tout le monde comprend le fonctionnement des machines qui s'y trouvent, est toujours celui dans lequel tout le monde s'entend bien. Quand cette bonne entente fait défaut, le résultat est tout à fait différent. L'ingénieur qui fait un projet de machine, doit donc bien se dire qu'il est aussi essentiel pour lui de se tenir en relations continuelles avec les hommes des ateliers, et de bien connaître leurs goûts et leurs antipathies, que de connaître les règles de la mécanique.

L'art de diriger ses pensées.

C'est par ce procédé que nous avons déjà indiqué pour faire naître l'intérêt, que l'esprit acquiert la faculté d'observer bien clairement : ramener constamment la pensée au sujet, toutes les fois qu'on la surprend à vagabonder.

L'un des meilleurs exercices pour l'esprit consiste à s'efforcer de découvrir la façon la plus naturelle d'arriver au but que doit remplir la machine, au lieu de chercher dans les précédents, ou de suivre les idées qu'ont suivies d'autres dessinateurs.

Un autre excellent exercice est la chasse aux dispositions surannées qu'on trouve dans les machines existantes; dispositions nécessaires autrefois, mais sans usage aujourd'hui. On en rencontre très souvent dans les machines et elles s'y trouvent toujours parce qu'un dessinateur a copié aveuglément.

Tous les dessinateurs sont plus ou moins moutonniers.

Nous avons assez dit combien il est utile de tenir compte des habitudes de ceux qui emploient les machines, mais cela n'empêche pas de faire des efforts sérieux pour revenir à la nature. Il faut s'efforcer de bien voir ce qui convient le mieux à la réalisation du résultat cherché et employer, pour le mettre en œuvre, les moyens les plus directs et les plus naturels. Si vous trouvez que c'est au-dessus de vos moyens, contentez-vous de faire la chasse aux dispositions surannées. Par-dessus tout, ne cherchez pas vos inspirations dans le travail d'un autre. Nous suivons déjà trop souvent les autres sans nous en douter. et pour notre malheur, même quand nous nous efforçons de sortir de l'ornière.

Tout dessinateur de machine qui a produit un travail original vous dira qu'il est plus facile de faire un bon travail en partant de nouvelles données que de suivre le travail des autres, ou même de rapiécer une de ses propres inventions des années précédentes. Il faut faire un effort beaucoup plus grand pour reprendre un travail et le modifier que pour mettre sur pied un projet original.

Le constructeur de machines sait que le succès de toute machine dépend de la justesse d'esprit de celui qui l'a dessinée, et de l'unité de vues des chefs de tous les départements s'occupant de la construction, de la vente et du fonctionnement des machines entre les mains des clients. Enfin, ce qui n'est pas le moins important, dans ce temps où la spéculation domine tout; il sait que le succès est réservé, d'une façon absolue, au groupement le plus important d'hommes organisés en vue de l'exploitation d'affaires du même genre.

La coopération de tous est nécessaire au succès.

Il sait qu'on n'assure le succès d'un type de machine qu'avec le concours d'un groupe d'hommes, lui consacrant toutes leurs pensées et toute leur énergie.

Ce groupe peut être une organisation autonome, formant une société distincte, ou bien, il peut faire partie d'une grande organisation s'occupant de plusieurs objets; mais, s'il fait partie d'une grande organisation, il doit être absolument indépendant, et avoir toute latitude pour diriger son affaire. Il ne doit pas être gêné par un contrôle exercé sur la construction, sur la vente, sur la façon dont il dirige l'usage de ses machines.

Les hommes coopérant à la production, à la vente, ou à l'utilisation d'une machine, ne doivent pas avoir autre chose à faire. Comme on l'a déjà dit, il faut que ce groupe d'hommes soit plus fort que tout autre groupement correspondant s'occupant d'une machine rivale.

On ne doit pas plus faire passer les ouvriers d'un genre de travail à un autre, sauf pour les faire avancer, qu'on ne doit demander aux vendeurs de connaître deux ou trois machines dont les caractéristiques soient différentes.

Il ne faut introduire de perfectionnements qu'avec prudence. Tout perfectionnement entraînant un changement dans la construction ou dans le fonctionnement de la machine peut être désastreux financièrement.

Ceci peut paraître extrêmement pessimiste, mais ce ne l'est qu'en apparence. L'expérience montre que c'est la bonne manière de voir.

Il est une autre vérité que celui qui dessine des machines doit connaître : il ne suffit pas de bien posséder la science des mécanismes, il faut aussi l'expérience des affaires. On ne peut l'acquérir à prix d'argent, et cependant, il est impossible de compter, pour réussir, sur l'habileté en affaires d'un autre. Il faut que l'ingénieur sache comment on dessine une machine, mais il ne doit pas se reposer trop complètement sur la manière de voir d'hommes d'affaires qui n'ont pas une connaissance assez sérieuse des problèmes techniques.

Il se peut que quelques-uns d'entre vous sachent qu'ils rencontreront sur leur chemin bien des problèmes à résoudre avant de se trouver aux prises avec ceux que je viens d'exposer, mais j'espère que vous conserverez longtemps les impressions que je m'efforce de vous donner aujourd'hui. Vous les conserverez sous le seuil de la pensée consciente, et quand vous vous trouverez dans les conditions voulues pour les utiliser, vous les ferez remonter à la surface pour vous en servir.

Si vous avez bien saisi le sens de mes paroles, vous n'en aurez pas moins d'enthousiasme pour entreprendre des travaux originaux, mais je vous aurai mis en garde, dans une certaine mesure, contre la réaction qui suit le désappointement. Le champ est grand pour les travailleurs sérieux et il est facile d'en devenir un en travaillant comme je l'indique.

TROISIÈME PARTIE

L'ART DE CONSTRUIRE DES MACHINES EN FAISANT DES BÉNÉFICES

VII

L'art de construire des machines en faisant des bénéfices.

Le navigateur qui se prépare à prendre la mer, examine avec soin chacun de ses instruments de navigation. Il lui faut connaître l'importance de l'erreur actuelle de son chronomètre et la loi des variations de cet instrument, ainsi que son coefficient de régularité établi par des observations antérieures. Il doit aussi connaître les erreurs de sa boussole, de son « compas », point par point, et il doit posséder les renseignements les plus complets sur le degré de confiance qu'il peut accorder à tous les autres moyens d'où dépend pour lui le succès. Enfin, il doit déterminer avec précision son point de départ.

En abordant le sujet que nous nous proposons de traiter, nous ferons bien de suivre cet exemple.

Pour cela, nous distinguerons deux points principaux : 1° les moyens dont nous disposons pour interpréter les documents que nous possédons ; 2° la source et la nature même de ces documents.

Les « moyens » représentés par les instruments du navigateur, ne sont rien moins que le cerveau ou la machine mentale. Les documents se trouvent contenus dans le monde qui nous environne.

Le monde, tel qu'il nous apparaît dans les choses existantes, telles que les machines, les notions courantes, les livres, etc., etc. — toutes choses qui constituent notre entourage — est ici représenté par les cartes et autres publications dont dispose notre excellent navigateur.

Comme le marin, nous devons déterminer le degré de confiance que nous pouvons accorder à ces sources de renseignements et aux moyens dont nous disposons pour interpréter « les faits résultant de l'observation ».

Quand nous nous sommes livrés à cet examen, nous avons acquis la conviction qu'il faut faire subir une correction importante aux « faits résultant de l'observation » pour connaître la vérité. Cela nous permet de déterminer, avec précision, notre point de départ et de reconnaître quelle est la meilleure route à suivre.

Pour faire comprendre combien il est important de s'appliquer à l'étude de notre propre cerveau, il suffit de bien se rappeler que pour lui faire admettre un fait nouveau, il faut que ce fait soit conforme, dans une certaine mesure, à ses idées antérieures. Si quelques-unes de ces idées sont erronées, il faut que le cerveau soit en quelque sorte préparé à les rejeter. Il est très difficile d'en déloger des convictions bien établies. Les idées, même quand elles paraissent fausses pour le raisonnement objectif, continuent souvent à guider nos actions. Et cependant, on n'assimile pas des idées contradictoires. On ne peut accepter que l'une d'elles.

Comme nous sommes imbus de ces idées courantes, que nous avons absorbées dans le milieu où nous vivons, nous ferons bien de commencer par faire un examen critique de ce qui nous entoure et de la façon dont nos idées ont été formées. Ceci nous permettra, peut-être, de nous débarrasser de quelques idées erronées ; peut-être aussi, de nous rallier plus solidement aux idées justes. En le faisant, nous préparerons notre cerveau à accepter plus facilement ce que nous aurions rejeté d'abord comme contraire à la vérité.

Nous ne voulons pas nous engager dans une étude approfondie du côté psychologique du sujet; nous nous contenterons de passer en revue des faits bien connus, ce qui est beaucoup plus simple.

Nous n'essayerons pas de définir la position exacte qu'occupe l'homme et d'en parler comme de l' « ego » ou l' «homme intérieur », nous dirons simplement, que nous savons que « nous » pouvons faire usage de nos cerveaux pour penser sur un sujet quelconque et que nous pouvons employer nos sens pour faire des observations ou rassembler des renseignements sur le sujet que nous avons choisi.

Nous savons aussi que nos sens, ou nos facultés mentales, peuvent être appliqués à l'étude d'un seul côté des affaires et rester, pendant ce temps, tout à fait indifférents aux autres points de vue, si nombreux, qu'elles comportent. En autres termes, nous sommes, dans une certaine mesure, maître de choisir notre manière de penser. Nous pouvons conduire notre cerveau exactement comme on peut conduire un cheval. Le cocher peut régler à chaque instant, avec soin, la dépense d'énergie que fait le cheval et obliger ce dernier à suivre le chemin qu'il lui indique, ou bien, il peut laisser aller les rênes et permettre au cheval de choisir son allure et son chemin. Nous pouvons de même diriger le fonctionnement de notre cerveau ou laisser ce dernier travailler au hasard.

On peut obtenir de bons résultats avec un effort modéré.

Nous ne vous conseillerons pas de chercher à forcer l'allure, car, aujourd'hui, on a déjà tendance à aller beaucoup trop vite. Bien au contraire, nous croyons pouvoir indiquer un moyen d'obtenir de bons résultats avec un effort modéré.

S'il est arrivé que, dans le passé, notre cerveau se soit montré au-dessous de sa tâche, nous ne devons pas, cependant, perdre confiance en lui avant que nous nous soyons rendu compte de la façon dont il avait, alors, été traité.

Placé dans certaines conditions, notre cerveau juge toujours d'une façon correcte. Ces conditions favorables sont celles qu'on trouverait équitables, s'il s'agissait de faire l'essai d'un mécanisme d'un autre genre. Malheureusement elles n'ont pas toujours été données à notre cerveau. On lui a fait émettre des opinions sur des questions importantes sans qu'il puisse seulement formuler une idée précise. Le fonctionnement du cerveau est infaillible quand le problème est simple. Le cerveau peut encore fonctionner correctement quand le problème est complexe, mais à la condition qu'on lui donne le temps nécessaire pour faire une opération à laquelle il puisse se fier.

Deux et deux font quatre pour tout cerveau adulte normal. Nous sommes tous d'accord quand il s'agit d'additions de ce genre, et même d'autres bien plus compliquées, mais nous commençons à avoir des « opinions » quand nous nous lançons dans des problèmes comportant trop d'éléments pour que nous puissions les rassembler facilement, et en peser l'importance.

Les aptitudes qu'ont les différents cerveaux pour résoudre des problèmes de mathématiques, ou autres, sont très différentes. Chaque cerveau a une limite de capacité naturelle, et il est indispensable de la connaître, car on ne peut se fier au cerveau d'un homme que dans la mesure où sa charge normale n'est pas dépassée.

Quand la machine à penser est poussée au delà de ce

qu'elle peut faire normalement, on ne peut plus lui accorder aucune confiance.

Si nous pouvions oublier les impressions que nous avons reçues de notre machine pendant qu'elle fonctionnait mal, les conséquences de ce mauvais fonctionnement ne seraient pas bien graves ; mais, malheureusement, nous persistons à nous y attacher. Ces impressions constituent, pour nous, « des notions résultant de l'expérience » et des « convictions », exactement comme si elles émanaient d'une source infaillible.

Nous appelons les opinions qui en résultent, notre « point de vue » ou notre « science », et nous les prenons pour guides dans la direction de nos affaires.

De même que nous avons des « idées arrêtées » et des « notions certaines », etc., en ce qui concerne les grands problèmes de la vie, nous avons aussi un million d' « idées arrêtées » sur la meilleure forme que doivent avoir les organes de machines et sur les meilleures méthodes à employer pour conduire les affaires.

Nous avons acquis beaucoup de ces notions sans y avoir jamais pensé un peu sérieusement. Nous les avons seulement acquises par l'usage, ou nous les avons prises à notre entourage. Dans quelques cas, nous pouvons nous être dit que quelqu'un avait dû, autrefois, bien étudier la question et que ce que nous voyions était le résultat des conclusions auxquelles ce quelqu'un était arrivé. Bien des choses qu'on rencontre dans les ateliers ne s'y trouvent que parce qu'on a permis aux anciens usages de continuer quand les conditions qui les justifiaient ont été changées, et cela sans que personne y prît garde.

Nous ne voudrions pas diminuer la valeur de l'opinion des autres. En réalité nous devons aux autres presque toutes nos opinions. Mais il y a tellement de choses qui ont été laissées aux « autres » par tout le monde, qu'il est utile que nous pre-

nions la peine de penser un peu par nous-mêmes, en particulier quand il s'agit des problèmes qui nous touchent de
plus près. Il est bon de donner un coup d'œil à quelques-unes
au moins de nos « idées », ne fût-ce que pour voir si elles
portent, à l'origine, la trace de quelque réflexion, ou si elles
ont pris la forme qu'elles ont sans que nous y ayons jamais
pensé.

Les détails sans importance.

La complexité des choses qui nous entourent ne dépend
pas de nous, et nous ne pouvons pas limiter le nombre des
problèmes qu'il nous faut résoudre dans un temps donné.
Mais nous pouvons améliorer beaucoup la situation dans
laquelle nous nous trouvons, en évitant de nous absorber
à l'excès dans des détails insignifiants. Il faut réserver pour
l'étude des problèmes qui ont pour nous la plus grande
importance, le moment le plus favorable au travail du cerveau, celui où l'on peut le plus facilement faire un effort, et
ne pas se laisser absorber alors par les détails d'autres problèmes.

Les différents chefs d'une affaire industrielle doivent connaître jusqu'aux moindres rouages de la machine pensante
sur laquelle ils doivent compter pour se guider. Tout cerveau qui se connaît, peut donner les meilleurs résultats, tandis qu'on ne peut accorder aucune confiance au cerveau le
mieux organisé qui ne se connaît pas.

L'une des caractéristiques importantes du cerveau est sa
disposition à tout perdre de vue en dehors du sujet qui l'occupe. Il nous arrive constamment de n'éviter un écueil qu'en
tombant dans un autre écueil que nous n'avions pas vu. Et
pourtant, l'un et l'autre écueils étaient également faciles à
voir pour toute personne dont l'attention n'aurait pas été
absorbée par l'un d'eux seulement.

Il semblerait que, dans la vie ordinaire, alors que nous n'avons à nous occuper que des affaires courantes, nous devrions avoir tout le temps d'étudier les problèmes qui présentent de l'intérêt. Mais, en réalité, le temps dont nous paraissons pouvoir disposer, est morcelé par la multiplicité de nos occupations et c'est alors que nous subissons le plus l'effet de tout ce qui nous entoure, que nous en recevons l'empreinte la plus profonde.

Pendant des années, les ingénieurs ont porté tous leurs efforts sur les machines à vapeur à mouvement alternatif. Des esprits supérieurs ont apporté d'importants perfectionnements dans les dispositions de ces machines et beaucoup d'entre eux ont consacré leur existence entière à l'analyse scientifique des effets résultant de tout changement dans les conditions d'emploi de la vapeur.

Nos livres techniques, l'enseignement que nous avons reçu, nos observations, tout nous a portés à concentrer notre attention sur ce type de machines.

Pour une raison quelconque, Gustav de Laval, suivi par Parson et Nikola Tesla, a rompu le charme et nous avons la turbine à vapeur. On peut penser, cependant, que l'invention de la turbine ne constituait peut-être pas une tâche plus difficile que celle que poursuivaient les devanciers en perfectionnant la machine à mouvement alternatif.

Dans un cas, on a fait un grand pas, dans l'autre nous avons l'exemple d'hommes dont l'habileté ne peut être mise en doute, travaillant avec acharnement pendant toute leur vie pour obtenir un résultat relativement petit.

Des exemples semblables se rencontrent aussi ailleurs que dans le monde des inventeurs. Les choses ne se passent pas autrement quand il s'agit de la froide direction des affaires d'une usine ou de l'un de ses départements. La direction des affaires exige, elle aussi, qu'on fasse bon usage du même genre de raisonnement et qu'on s'efforce de se libérer de l'influence de l'ambiance. Nous y reviendrons à propos d'autre chose.

Nous désirons surtout insister ici sur ces points : que l'influence de l'ambiance nous porte à exagérer l'importance des idées et des méthodes admises ; que le cerveau joue souvent un rôle trompeur. La trop grande confiance qu'on accorde parfois à ce dernier le laisse nous astreindre à un travail inutilement pénible.

No voir qu'une chose à la fois.

La tendance à ne voir qu'une chose à la fois, qu'a le cerveau, est, en même temps, la plus précieuse des qualités et le plus dangereux des défauts. C'est une qualité précieuse en ce qu'elle nous permet d'oublier tout, en dehors du sujet sur lequel nous voulons concentrer nos efforts. Elle est des plus dangereuses quand, la concentration durant trop longtemps, elle nous fait négliger les autres sujets.

Ce qui montre le peu de confiance qu'on peut accorder à un cerveau normal, est la promptitude avec laquelle ce cerveau accepte comme vraies, pour ainsi dire, toutes les affirmations qu'il entend répéter fréquemment. Les agents de publicité le savent bien. Nous nous révoltons quand ils abusent de la méthode, mais cependant, le fait en lui-même est vrai. Nous subissons l'empire des affirmations réitérées.

Cette particularité du cerveau, d'être influencé par les idées qu'il entend émettre fréquemment, n'est qu'un exemple des différentes manières dont nous subissons l'influence de tout ce qui nous entoure.

Nos idées politiques et sociales sont habituellement conformes à celles de notre famille, de notre pays ou de la partie du monde dans laquelle nous vivons. Nous acceptons généralement comme bon et bien presque tout ce qui, dans le monde, existe depuis longtemps.

Il est bien entendu que nous pouvons nous soustraire un peu à ces idées, mais il faut convenir que l'homme normal ne s'affranchit pas beaucoup de l'influence de son ambiance.

Une autre caractéristique du cerveau est la tendance à concentrer son attention sur un sujet quelconque, de la nature la plus commune, qu'en apparence il a choisi. Il se peut que cette concentration ne soit pas consciente, mais elle peut encore, sans paraître intense, l'être assez, cependant, pour imprégner toutes les idées que nous avons sur d'autres sujets. Elle a généralement pour effet d'exagérer l'importance du sujet qui occupe l'esprit, faisant paraître les autres tout petits et sans importance.

Ceci peut faire l'effet d'un lieu commun peu intéressant pour l'homme qui travaille dans un atelier ou dans un bureau, mais ce n'est pas un lieu commun du tout. C'est un principe important qui, bien compris et bien employé, permettra de réduire l'effort nécessaire pour obtenir un résultat donné.

Tout le monde admettra avec moi que c'est là un sujet important, et je pense que quelques personnes m'accorderont que ce que j'avance est exact, mais je dois rappeler que cela ne suffit pas pour produire un résultat. On peut même dire, que la simple acceptation mentale d'une vérité ne constitue pas une connaissance utile. Il est vrai que l'acceptation mentale doit précéder toute assimilation complète et utile, mais on ne peut qualifier l'assimilation de complète, tant qu'elle n'a pas produit un changement dans les actions. L'homme qui ne réussit pas, peut paraître « *savoir* », tout aussi bien que celui qui réussit. La différence consiste en ce que son savoir n'est qu'une contrefaçon. Il peut dire qu'il connaît telle ou telle vérité, mais ses actions montrent qu'il ne croit pas du tout à ce qu'il dit connaître.

Dans les pages qui suivent, nous nous efforçons d'indiquer quelques-uns des points qu'un ingénieur ou un industriel ne doit jamais perdre de vue. Nous ne cherchons même pas à dire quelque chose de nouveau. Notre but principal est de pousser à « agir » dans le sens que tout le monde « sait » être le meilleur.

L'ensorcellement de l'ambiance.

Pour pouvoir donner un coup d'œil d'ensemble à notre champ d'action, pour en obtenir une vue à vol d'oiseau, nous n'avons qu'à nous représenter ce que peut être le point de vue d'une personne qui y est complètement étrangère.

Si nous pénétrions en étrangers dans l'un de nos grands établissements industriels, nous ne le ferions certainement qu'en éprouvant un profond respect. Nous montrerions sans doute, que nous comprenons à quel point toutes les améliorations des conditions de la vie découlent de l'atelier. Nous reconnaîtrions que les machines à imprimer, les machines agricoles, les métiers des filatures, et tout ce qui est machine, est le produit de l'atelier. Sans lui, il n'y aurait pas d'imprimerie, pas d'étoffe faite à la machine, pas de bois travaillé à la machine, pas de locomotion mécanique, enfin rien de ce qui a donné le record du progrès matériel au siècle dernier.

Certes, une pareille constatation doit faire éprouver pour l'atelier un bien grand respect, je dirai même un respect religieux.

Il est tout naturel que ce ne soit pas moi, constructeur de machines, qui cherche à diminuer, en quoi que ce soit, la reconnaissance due à ceux qui ont créé les machines. On a pu attribuer à d'autres le mérite de leurs œuvres, mais les noms de ces créateurs sont si bien gravés sur leurs travaux, qu'ils peuvent continuer à faire l'histoire sans s'inquiéter de ce que tous les lauriers qui leur seraient dus ne tombent pas sur leurs têtes.

On a dit de ces travailleurs qu'ils ne s'occupent des inventions que quand elles ont un caractère pratique. Cela ne doit pas diminuer la profonde admiration que nous avons pour eux. Pour qu'un inventeur « inspiré » ait la moindre chance de succès, il faut qu'il consente à descendre de son ciel sur la terre. Tandis que, l'ingénieur doit toujours s'occuper des réalisations matérielles, il doit « faire marcher » les choses.

L'ingénieur peut aussi avoir des conceptions idéales, mais il est une épreuve que ces conceptions doivent pouvoir supporter, c'est celle de la pratique: Car, dans les ateliers, il faut toujours en venir aux essais matériels et pratiques. Aucune belle théorie ne peut vivre, si elle n'a pour elle d'autre caractère que la beauté.

Visitant l'atelier en étranger, nous pourrions avoir la curiosité de demander d'où est venue l'impulsion qui a créé tout ce que nous voyons. On nous dira qu'elle vient de l'ingéniosité de l'homme, de son désir de faire une machine quelconque, ou de créer une grande affaire, pour la gloire, ou pour quelqu'autre motif plus ou moins altruiste. Il est même possible, bien plus, il est même probable que nous découvrirons que l'impulsion dominante vient d'un certain désir d'acquérir ce qu'on appelle les richesses de ce monde. Mais, quel que soit le motif qui ait pu pousser l'homme à réaliser toutes ces choses, nous devons reconnaître que ce motif n'aurait pas été suffisant pour assurer la réussite, sans le secours d'une direction économique convenable.

Notre vue à vol d'oiseau nous révèlerait alors l'importance du côté économique ; elle nous montrerait que, pour mettre sur pied tout projet exigeant le concours de plusieurs initiatives, il ne faut pas donner le deuxième rang au problème des profits et pertes.

Il pourrait paraître enfantin de dire des choses aussi évidentes, si les exemples que nous avons sous les yeux ne nous faisaient voir, à chaque instant, qu'un grand nombre de chefs de service, de contremaîtres et d'ouvriers, et même de patrons oublient parfois ce fait important.

Il n'est ni nécessaire, ni désirable, que tout le monde prenne une part active à la direction générale d'une affaire. Mais puisque les différents ouvriers, contremaîtres et chefs de service constituent la véritable autorité qui choisit les dispositions particulières d'un atelier et les méthodes générales de travail, il est nécessaire, au point de vue « profits et pertes », que chacun en sache sur ce sujet, un peu plus qu'on n'en sait généralement.

Les risques financiers.

L'argent placé dans une affaire est en sûreté si la direction fait, à chaque instant, le meilleur usage possible de son activité. Ce n'est pas l'histoire qui peut nous indiquer quelle est la méthode de direction qui convient le mieux à une affaire donnée. Tout le stock des renseignements relatifs à ce qui a réussi autrefois ne peut nous servir à rien, même en ne tenant compte que de la dernière décade, car la règle de jeu change à chaque instant.

Pour que l'argent placé dans une usine, ou dans une affaire, soit parfaitement en sûreté, il ne suffit pas que les bâtiments soient incombustibles et que la direction soit ultra-conservatrice. Pour protéger le capital, il faut mener les affaires de façon qu'elles rapportent.

Il est très important de veiller à la sûreté de l'argent immobilisé en bâtiments et en machines, mais cela ne doit pas diminuer, à nos yeux, l'importance de ce qui concerne les dépenses d'exploitation.

Une usine, une affaire, nous l'avons dit, n'est d'aucune utilité quand elle n'est pas en activité et, pour qu'elle marche, il lui faut de l'argent. Il faut l'alimenter d'argent continuellement, il faut lui donner, par an, une somme d'argent dont l'importance atteint généralement celle du capital entier de l'affaire.

On consacre ordinairement beaucoup de temps et de peine à estimer la valeur de l'installation et du mobilier d'une usine, mais on ne s'occupe pas assez de l'argent autrement immobilisé dans l'affaire.

Conditions qui ont de l'influence sur les risques.

Les risques d'un placement sont d'autant plus grands que les capitalistes sont disposés, dès le début, à voir les choses trop en beau, ou encore à se lancer dans une voie toute nouvelle.

Il arrive très fréquemment que les capitalistes ne comprennent pas le côté pratique d'une affaire et que les hommes pratiques n'en comprennent pas le côté financier. Même quand les financiers et les hommes pratiques unissent leurs efforts, la réunion de leurs connaissances forme des combinaisons qui sont loin d'être parfaites. Ils oublient encore beaucoup d'éléments importants.

Ces personnes donnent toujours l'impression d'être arrivées au jour où l'on a tout intérêt à s'engager à fond dans les plus grands raffinements pour économiser jusqu'au dernier carat sur la dépense de main-d'œuvre de telle ou telle pièce, en faisant usage de quelque merveilleuse machine-outil. C'est un de ces cas dans lesquels « l'imagination » fait taire la « voix de l'expérience », car il est bien certain que le monde ne touche pas encore à sa fin et qu'il se produira encore bien des changements, même dans les machines-outils.

Toutes les machines sont loin d'être parvenues au dernier degré de la perfection.

Si nous plaçons notre confiance dans telle ou telle disposition comme dans une « chose de tout repos », nous pourrons découvrir un beau matin que notre « chose de tout repos » n'est qu'un « vieux numéro ».

Nous savons très bien que, dans certaines conditions, on peut continuer à fabriquer et à vendre un produit qui n'est qu'un « vieux numéro », pendant bien des années, pour conserver une usine en activité, en vue d'une nouvelle fabrication, mais il faut employer ce temps à préparer le changement et ne pas faire d'efforts stériles pour essayer de conserver les vieux errements.

C'est sans doute une loi bienfaisante de la nature qui veut que les hommes soient si lents à rejeter les vieilleries. Plus d'un constructeur a dû à cette loi d'avoir échappé au naufrage. A vrai dire, cela a été désastreux pour bien des industriels employant les dits « vieux numéros », et également favorable pour leurs concurrents qui se sont trouvés ne pas en faire usage.

Le pessimisme cache aussi bien des dangers, qu'il se porte sur la nature du produit ou sur l'insécurité du marché.

Il est vrai qu'une trop grande confiance nous dispose à oublier ce que l'expérience nous a appris. Or, l'expérience nous a appris que la seule machine qui soit parfaite est celle que nous ne connaissons pas complètement. Comme nous l'avons dit, « la machine parfaite » peut être celle dont on va faire les essais la semaine prochaine, comme elle peut être celle qui a marché pendant quelques semaines, quelques mois ou quelques années. L'optimiste croit que la machine parfaite est celle qu'il construit et le pessimiste croit que c'est celle que construit son concurrent.

L'absence de mémoire qui rend optimiste peut être préférable à celle qui rend pessimiste, mais ni l'une ni l'autre ne font juger sainement.

S'il nous est arrivé, autrefois, de trouver qu'il était nécessaire d'apporter des changements dans nos produits ou dans nos procédés de fabrication, il est probable que nous aurons encore des raisons pour en apporter de nouveaux.

La « machine parfaite » deviendra une machine défectueuse sous certains rapports, et il faudra plus tard y faire des changements.

Voilà un axiome qu'il ne faut pas perdre de vue si l'on veut donner de la stabilité aux affaires.

La valeur de la spécialisation.

L'optimiste et le pessimiste représentent les deux types extrêmes. Il vaut mieux être optimiste ou pessimiste que de flotter entre les deux.

Avoir trop de confiance dans son produit n'est pas absolument mauvais si cet excès de confiance conduit à s'attacher à une seule solution sans se laisser dérouter par les autres. Cela peut donner de bons résultats, même si le produit est plus ou moins imparfait. Une machine qui n'est pas parfaitement dessinée, si elle est bien construite, peut être meilleure qu'une machine d'un bon dessin, médiocrement faite. Il faut la pratique pour faire un bon travail, et c'est en s'attachant longtemps à un même travail, qu'on acquiert la pratique.

Dans le pessimiste, nous trouvons un homme qui est toujours prêt à perdre la foi, aussitôt qu'il rencontre une imperfection.

Une foi vacillante, en ce qui concerne un type quelconque

de machine, conduit généralement à faire des additions successives qu'on conserve toutes. Cette manière de faire disperse les efforts, et il s'en suit que la machine ne se développe pas comme elle le ferait s'il y avait unité de conception.

Que le manque de stabilité dans la ligne de conduite conduise à construire une trop grande variété de types, ou à augmenter inutilement le nombre des modèles d'une machine donnée ne différant que par la grandeur, on en donne toujours pour excuse qu'on ne peut pas faire assez d'affaires sur un seul modèle — c'est ce qu'on entend dire fréquemment — et cependant, tout le monde sait qu'on trouve suivant les cas, de six à cinquante constructeurs construisant des machines des mêmes dimensions.

Cette tendance à augmenter le nombre des types des machines fabriqués par une usine, provient quelquefois de la facilité avec laquelle les gens admettent qu'une nouvelle machine vaut mieux que l'ancienne. C'est toujours la même chose, on connaît les défauts de l'ancienne, mais on ne connaît pas les défauts de la nouvelle.

L'argent placé dans un atelier de construction de machines n'est pas en sûreté s'il existe dans cet atelier une tendance à gaspiller l'énergie sur l'étude de trop de problèmes.

La conviction qu'il faut fabriquer une grande variété de machines pour répondre aux demandes du service de vente est un reste du passé. Nos idées sur les méthodes de vente doivent évoluer pour suivre le mouvement. Il faut qu'elles soient « à la hauteur ».

Il est vrai que de très importantes compagnies réussissent à faire de bonnes affaires en produisant une grande variété de produits. Mais ces grandes compagnies elles-mêmes s'efforcent de réduire le nombre de leurs types de machines et de se « spécialiser ». Leur succès dépend de la façon dont elles se comportent en face de ce mouvement de spécialisation qui peut produire de si grands résultats. Le dirigent-elles ou le subissent-elles? Tout est là.

Le « mieux adapté » survivra et éliminera le reste. Les spécialistes ou les groupes de spécialistes subsisteront seuls.

Les plus grandes affaires peuvent diriger le feu de batteries de spécialistes, à la fois sur le côté affaire et sur le côté fabrication, dans chaque spécialité, et obtenir ainsi le degré de subdivision nécessaire. Or, en ce qui concerne la concurrence, il faut se souvenir que les succès vont à la machine dont s'occupe l'État-Major le plus important.

Au point de vue vente, il paraîtrait nécessaire de construire une grande variété de machines ou même toute la gamme des machines, mais on ne peut le faire qu'en créant l'obstacle le plus fâcheux au progrès et en compromettant le bénéfice qu'on doit réaliser. Il est bien évident qu'il faut satisfaire aux besoins du marché, mais on ne doit pas se dissimuler qu'augmenter le programme de fabrication d'un numéro de plus, ou d'un modèle de plus, peut être désastreux.

Il est généralement possible de réduire la dépense totale relative à la conduite d'une affaire de construction de machines, en continuant tout simplement à se servir des hommes qui s'y trouvent, et cela est vrai pour tout le personnel depuis les ouvriers jusqu'aux vendeurs.

Il est cependant nécessaire de faire quelques changements, de temps en temps, pour entretenir dans l'usine un certain esprit de progrès, mais il faut le faire avec beaucoup de précaution.

Il faut faire avancer les hommes d'une position à l'autre, quand leurs aptitudes le permettent, à mesure que les occasions se présentent. Il faut aussi, malheureusement, en faire disparaître d'autres.

Qu'on donne de l'avancement ou qu'on arrache de mauvaises herbes, il faut agir avec poids et mesure.

La manie de l'ambition.

Mais l'avancement qu'on peut donner au personnel est loin de satisfaire aux exigences de notre époque d'ambition surexcitée. Nous entendons à chaque instant prêcher que tout enfant né en Amérique peut, tout aussi bien qu'un autre, arriver à une position quelconque, à commencer par celle de Président de la République. On dit aax jeunes gens de faire des études qui les qualifient pour de grandes choses. C'est là une bonne prédication. C'est même, par excellence, la prédication qu'on devrait écouter. Mais il s'agit de la bien comprendre. On en conclut généralement que tout le monde possède l'habileté nécessaire pour occuper les plus hautes situations. L'habileté devient alors l'idée dominante et le travail de préparation passe au second plan. L'individu néglige complètement de chercher à se rendre compte s'il est qualifié, dans une mesure quelconque, pour ces hautes fonctions. L'idée qu'il est capable d'accomplir de plus grandes choses que celles auxquelles la nature l'a jamais destiné, devient chez lui une obsession. Il devient inutilisable dans une organisation et s'en va grossir l'armée des mécontents. C'est là une de ces tragédies de la vie dont nous devons essayer d'empêcher le retour, et qu'il ne faut pas perdre de vue.

L'ambition n'est pas une mauvaise chose, mais il ne faut pas que ce soit l'ambition seule qui qualifie pour l'avancement.

La grande affaire de la direction doit être de prendre les hommes comme on les trouve sur terre; de les façonner dans la mesure du possible et de mettre chacun à la place où il peut donner les meilleurs résultats, tant au point de vue de la maison qui l'emploie qu'à son point de vue personnel.

Si on en excepte le déclassé, le mécontent, l'homme qui ne peut fixer son attention sur rien, presque tous les hommes peuvent et doivent être employés utilement. La première condition qu'ils doivent remplir pour cela, est d'apporter dans leur travail une attention assez soutenue. Il ne faut pas que les pensées soient habituellement ailleurs qu'au travail.

Les intrigues cessent quand la direction cesse de s'en occuper, et conduit ses affaires en donnant à chacun l'impression que personne n'a la moindre chance de prendre la place de son voisin ; que chaque homme conservera sa place s'il s'applique raisonnablement à prendre les intérêts de l'affaire et à bien faire le travail particulier qui lui est confié.

La direction « ne dirige pas », si elle est constamment occupée à changer les hommes. Elle doit remonter l'homme qui manque de confiance en lui-même, elle doit dégonfler les fausses ambitions, et elle doit utiliser les hommes qu'elle trouve dans l'affaire ; mais elle ne doit pas se montrer disposée à « revenir » à un homme qui a commis des fautes ou qui a été reconnu manquer de jugement.

Elle ne doit pas se montrer disposée à adopter l'étranger dont elle ne connait pas les défauts.

Les risques financiers d'une affaire sont grandement diminués quand on utilise les hommes comme on les trouve, en les affectant au travail ou aux fonctions pour lesquelles ils sont qualifiés.

Manque de confiance dans la valeur du produit.

Ce que nous avons dit au sujet de l'optimiste, du pessimiste et de l'homme indécis, au point de vue du dessin et de la fabrication des machines, s'applique avec autant de force à l'organisation du côté affaire.

Une affaire doit toujours être lancée, ou poussée, par des

hommes qui ont confiance dans la ligne de conduite suivie
et dans la valeur du produit. Si ces hommes perdent la foi
dans leur propre affaire, ils perdent non seulement leur
utilité comme lanceurs ou directeurs, mais ils deviennent
pour l'industrie des boulets à traîner et ne peuvent être rien
d'autre tant qu'ils ne sont pas revenus à leur état normal.
Dans ces conditions les risques que court le capital augmentent beaucoup.

On peut citer des exemples sans nombre d'hommes qui,
après quelques succès, n'ont plus réussi à rien parce qu'ils
avaient perdu confiance en acquérant la dangereuse « demi-
science ».

L'homme qui a acquis cette dangereuse « demi-science »
devrait suivre un « cours complémentaire », dans un établissement où les hommes soient soumis aux moyens les plus
énergiques que la science connaisse. (Il se peut qu'il n'existe
pas d'établissement de ce genre, mais le grand besoin qui
s'en fait sentir en fera certainement créer beaucoup.)

Il faut bien dire aux hommes qui ont perdu confiance dans
leurs propres machines, qu'aucune affaire ne peut survivre à
l'effet produit par un avocat qui ne se sent pas sûr de son
affaire. Une affaire ne se porte que mieux quand on lui fait
une certaine concurrence, même agressive. Elle peut supporter l'opposition plus ou moins vive que lui font ses
« amis » du camp ennemi ; mais il lui est impossible de
continuer à vivre en subissant l'influence d'hommes qui ont
perdu toute confiance, soit dans le produit dont ils s'occupent,
soit en eux-mêmes.

Le cours complémentaire pour la réfection de l'homme
qui est sur le chemin de la sagesse, devrait comprendre des
moyens d'éducation de tous les genres. Ces moyens devraient
être particulièrement adaptés aux besoins de chaque étudiant
ou de chaque patient.

On pourrait, par exemple, installer dans chaque pièce, un phonographe qui parlant nuit et jour répéterait sans discontinuer des phrases comme celle-ci :

« La seule machine parfaite est celle que vous ne connaissez pas. »

« Étudiez les machines que vos concurrents mettent en vente, uniquement pour connaître les machines des « autres » aussi bien que vous connaissez les vôtres — pas pour les dénigrer, ni même pour y faire allusion — mais simplement pour reprendre confiance dans la valeur relative de votre propre machine. »

« N'essayez pas de retrouver votre foi dans la perfection de votre machine — elle est partie pour toujours — regardez seulement les machines des autres et apprenez que votre machine est encore la meilleure. »

Il n'est pas nécessaire, du reste, que cette confiance vous rende exubérant pour que vous puissiez exercer une influence sur ce monde gris et froid, dans lequel il vous faut faire de nouveau l'essai de vos forces.

La confiance dans les choses existantes.

Ce traitement doit rendre l'assurance perdue, en rétablissant la foi dans la supériorité des choses existantes ; choses qui tout en n'étant pas parfaites, sont encore ce qu'il y a de mieux.

Il impose à l'esprit la conviction que la construction et la vente de chaque modèle de machine exige une organisation complète comprenant : l'inventeur, les directeurs commerciaux, les chefs de fabrication et enfin, celui qui n'est pas le moins important : l'homme qui exécute le travail, l'ouvrier. Cette organisation doit relier tous ces hommes entre eux. Et ceci s'étend à tous les détails du travail que comporte la construction, l'expédition et l'exploitation du produit.

Il se peut que l'inventeur sache, d'une façon presque parfaite, quelle est la meilleure manière de fabriquer chaque partie de la machine, quelle est exactement l'importance du jeu ou du serrage que doit comporter chaque ajustage, et quelle est exactement la manière dont la machine doit être employée dans toutes les circonstances possibles. Mais il est encore bien plus probable que l'inventeur n'en a jamais su aussi long.

S'il savait tout cela, cela pourrait lui servir, mais à la condition qu'il possédât également un bon moyen pour communiquer sa science à chaque collaborateur en particulier. C'est malheureusement une chose impossible, même dans les usines dont l'organisation est la plus parfaite.

Il faut des années pour arriver à faire chaque pièce comme elle doit être faite, même si on ne change rien au dessin. On n'y parvient que par une longue pratique journalière, que l'on n'acquiert qu'en faisant beaucoup de pièces. La qualité et la vitesse de production augmentent à mesure qu'on prend de l'expérience ; l'expérience seule permet de les obtenir.

L'art de faire le montage et de faire fonctionner la machine se développe de la même manière. Il existe bien des moyens qui facilitent ce développement, mais rien ne remplace la pratique.

La connaissance de la machine ne doit pas rester confinée dans la tête de l'inventeur. Il ne suffit même pas que cette machine soit bien connue de tous les chefs de service y compris les contremaîtres. Il faut qu'on ait la patience de la faire connaître aussi au véritable collaborateur : l'ouvrier.

Une invention merveilleuse n'a réellement de valeur que quand il en a été fait usage pendant un temps assez long, pour qu'un grand nombre d'hommes aient appris à la connaître, et soient devenus habiles à en produire les différentes parties, les assembler et les faire marcher.

Il se peut qu'une invention promette beaucoup et que l'objet auquel elle se rapporte puisse, suivant toute apparence, être facilement vendu ; mais il faut bien se dire qu'on ne peut pas se rendre compte de la valeur réelle d'une invention tant qu'il n'en a pas été fait usage. Pour faire employer cette invention, il faut quelque chose de plus que l'idée de l'inventeur, que les dessins et les spécifications : il faut que l'invention reçoive une forme pratique et soit adaptée à l'emploi auquel elle est destinée.

Une machine est la combinaison d'une idée originale et d'un grand nombre d'idées subséquentes, qui sont venues s'ajouter à l'idée originale par suite de l'étude continuelle qui en a été faite, au cours de la construction ou de l'usage. Ces idées subséquentes sont apportées par les hommes qui font les choses, les hommes qui font la machine et ceux qui l'emploient. Ces idées qui ne se dégageaient pas dans le dessin primitif, y étaient pourtant contenues. Elles concernent tout ce qui est relatif au degré d'ajustage de telle ou telle partie, à l'intérêt qu'il y a à donner un peu de jeu à un coussinet en tel ou tel point. On y retrouve la trace de toutes les remarques qui ont été faites au sujet de la tension résultant de chaque ajustage et de mille autres points qui peuvent avoir été prévus ou non par l'inventeur, mais qu'on ne pourrait probablement jamais élucider par un autre procédé que celui qui résulte de la collaboration de l'idée avec l'expérience acquise, dans la construction et l'emploi de l'invention.

**On n'obtient le succès qu'avec la collaboration
de tout le monde.**

L'inventeur, le chef de service, et peut-être les contremaîtres, pris dans leur ensemble, ne font jamais, et ne peuvent jamais faire, une machine réussie, sans la collaboration de tous les ouvriers, et, en particulier, sans le secours de ces idées supplémentaires qui se dégagent du travail de ces derniers.

Cette nouvelle constatation ne doit pas décourager l'inventeur, au contraire. En lui faisant comprendre la valeur qu'ont réellement les choses qui existent, les choses qui « marchent », elle doit l'encourager à « pousser » avec confiance, et avec ardeur, une machine construite par une bonne organisation. Grâce à elle, il comprendra la force contenue dans la somme d'expérience et de pratique que possèdent tous les hommes de l'organisation. Il ne tuera pas l'affaire en acceptant ce qui n'est qu'à moitié fait. Il n'augmentera pas les risques que court le capital en insistant outre mesure sur telle ou telle modification. Il ne conseillera pas non plus d'ajouter telle ou telle machine à un programme déjà trop chargé.

L'invention, l'organisation générale, une bonne direction des affaires sont indispensables au succès, mais sans la création de cette atmosphère qui ne peut résulter que de l'expérience pratique et réfléchie des hommes et des choses, toutes les connaissances et les efforts des dirigeants sont absolument inutiles.

Il en résulte une confiance d'un genre nouveau, fondée sur une foi plus grande dans les choses qui existent et qui marchent, que dans les prétentions émises en faveur de choses qui n'ont pas la sanction de la pratique. C'est la confiance qui sait que les idées fondamentales bien assises et une bonne ligne de conduite, celle qui « s'en tient à une chose », donnent toujours les meilleurs résultats.

Il ne faudrait pas voir là l'expression d'un optimisme poussant à croire qu'il n'y a pas de mauvaise machine. Le meilleur implique aussi l'existence du moins bon. Dans presque tous les genres, il y a beaucoup de degrés du meilleur au plus mauvais. Mais on peut constater que le manque de foi dans la valeur relative d'une machine est, le plus habituellement, dû à une certaine ignorance des autres types. C'est ce genre de perte de courage ou de confiance, comme vous l'aimerez mieux, que nous visons dans ce chapitre et que nous voudrions faire disparaître.

Faire des progrès en connaissance de cause.

Des inventions ou dispositions nouvelles peuvent être pleines de promesses, mais elles ne peuvent acquérir leur véritable valeur sans l'aide de différents concours, parmi lesquels il faut comprendre celui des hommes qui vont s'efforcer constamment : d'organiser, d'inventer, de fabriquer et enfin de vendre le produit, en le faisant apprécier.

La conviction que les choses qui existent ont, par cela même, une grande supériorité sur les autres, ne constitue pas une barrière à l'innovation. Elle ne constitue pas non plus une abdication devant l'influence de l'ambiance. En l'affirmant, on énonce simplement un fait important, car on ne peut faire de progrès qu'en tenant compte de cette notion primordiale.

S'il est dans l'ambiance une puissance occulte qu'il faille exorciser, ce n'est certes pas l'esprit de progrès. C'est tout cet ensemble d'idées absolument fausses qui ont cours au sujet des différentes méthodes de fabrication, de la conduite générale des affaires et des principes de dessin de machines et dont voici quelques-unes :

« N'importe quoi est toujours assez bon. »

« Tinker et Change Machine Tool Cy font paraître un nouveau modèle. C'est une merveille. » (Cette maison sort rarement deux lots de machines qui se ressemblent.)

« L'expérience acquise dans la fabrication et l'emploi des

machines ont leur valeur, mais ce n'est pas l'un des éléments essentiels du succès. »

« Si l'on parle des bénéfices que donne une affaire, ce ne
doit être qu'à voix basse. Rien n'est plus contraire au bon
esprit des ouvriers. » (Comme si de bons traitements et de
bons salaires pouvaient être payés par une affaire qui ne
marche pas.)

« L'idée que la spécialisation dans les procédés employés
pour la construction des machines peut faire tort au métier
d'ouvrier mécanicien, en ce qu'elle simplifie et rend moins
difficile l'exécution de certains travaux. » (Comme si c'était
un avantage pour un ouvrier mécanicien d'être obligé de
travailler avec un outillage médiocre, quand, dans d'autres
ateliers, dans d'autres villes, ou dans d'autres pays, on donne
à tous les hommes de bons outils — outils leur permettant
de faire le meilleur travail dont ils soient capables et cela
dans les conditions les plus favorables! Ou encore, quand
dans les autres ateliers on fait usage de méthodes de spécialisation qui débarrassent l'ouvrier le plus habile du travail
ordinaire pour l'alimenter uniquement d'un travail choisi —
augmentant sa production et lui permettant de gagner facilement un bon salaire. Comme s'il était possible de payer un
bon salaire quand il faut employer des hommes de choix
pour faire un travail ordinaire et quand tous les hommes,
obligés de se servir d'outils inférieurs sont handicapés dans
leur production ! Comme si ces questions de bénéfice ne pré-
sentaient pas un intérêt vital pour chacun des ouvriers et
des chefs aussi bien que pour le patron!)

En ce qui concerne les études et le choix des types de
machines, le groupe des idées fausses, si tenaces, est si
important et si fort, qu'on ne peut utilement en faire un
résumé. Par conséquent, nous n'essayerons pas même d'en
donner une esquisse. Nous espérons que le lecteur, après y

avoir pensé, fera un effort sérieux pour « revenir à la nature ».

Il faut que le bénéfice soit proportionné au capital.

Une bonne direction doit chercher à obtenir le plus grand bénéfice possible par dollar du capital.

Nous ne parlerons ici ni de la qualité, ni du dessin de la machine, ni des autres éléments qui contribuent à la bonne renommée et à l'importance de l'affaire, car il va sans dire qu'une affaire ne peut prospérer si ces différents points sont négligés. Nous voulons montrer maintenant que, toutes choses égales d'ailleurs, et en se plaçant au point de vue des bénéfices, la meilleure direction est celle qui dépense l'argent là où il est le plus utile.

Tout le monde en convient d'ailleurs. Aussi, peut-il paraître étrange qu'on constate, dans l'industrie, une tendance très fréquente à faire du capital un emploi qui paralyse complètement la production d'une affaire.

Pour préciser, on fait souvent ce mauvais emploi en exagérant les immobilisations irrévocablement liées à la fabrication du moment. En les faisant, non seulement on limite la puissance de production de chaque dollar du capital, mais on augmente aussi les risques que court ce capital en l'enchaînant au produit du jour, qui, bientôt peut-être, ne conviendra plus à la demande du marché.

L'une des erreurs les plus communes sous ce rapport, est celle qui fait envisager la réduction de la dépense de main-d'œuvre comme le point le plus important.

La réduction de la dépense de main-d'œuvre a été le cri de guerre pendant si longtemps, la feuille de paye a été le sujet de tant de conversations qu'on aurait pu croire que tout était là. Un homme qui ose déclarer que le prix de la main-d'œuvre par pièce, n'est pas l'élément le plus important à considérer est aussitôt stigmatisé comme l'avocat des vieilles méthodes.

Il est inutile de dire que nous n'avons pas l'intention de négliger l'importance de la dépense de main-d'œuvre. Le prix net par pièce est un élément extrêmement important, mais il ne doit pas faire perdre de vue le bénéfice par dollar du capital, ni les risques que court le capital immobilisé.

Où se trouve l'intérêt des moyens employés pour réduire la dépense de main-d'œuvre, si ces moyens réduisent aussi le bénéfice, et cela dans une plus forte proportion qu'ils n'économisent la main-d'œuvre? Si en les employant on réduit les bénéfices, pourquoi les employer?

Nous comprenons très bien qu'un directeur par trop optimiste puisse négliger de tenir compte du risque que court l'argent immobilisé, mais nous ne comprenons pas qu'on ne s'occupe pas davantage de l'importance relative, ou plutôt, du peu d'importance relative de la main-d'œuvre.

C'est généralement la machine-outil qui donne à l'atelier son caractère. Ce caractère peut n'être pas changé rapidement par une addition d'outillage, mais cependant toutes les fois qu'on fait une pareille addition, ce caractère change en mieux ou en plus mal. Ordinairement, l'installation d'une nouvelle machine est accueillie comme un pas fait dans la voie du progrès, parce que la nouvelle machine fait un meilleur travail que l'ancienne, mais cette machine peut avoir aussi un très mauvais effet. Elle peut changer le caractère de l'atelier et cela, contrairement aux intérêts de tout le monde. Il faut donc que l'esprit directeur veille à ce qu'aucun changement ne soit fait sans que le côté économique ait été pesé.

C'est par des changements de ce genre, qu'un directeur trouve l'occasion de faire évoluer une affaire pour l'amener à faire des bénéfices.

Si les machines-outils immobilisent une trop grande partie du capital disponible, l'affaire est handicapée. Il existe un certain rapport entre la valeur du capital qui peut être immobilisé dans l'outillage et le total du capital nécessaire au fonctionnement de l'affaire.

Si le prix net de la main-d'œuvre, par pièce à usiner, devient l'élément déterminant, on donnera certainement au capital immobilisé en machines une importance qui ne pourra manquer de tuer l'affaire.

Prix de revient du produit.

La pratique qui consiste à ne pas tenir compte du bénéfice quand on étudie les grandes modifications d'outillage, résulte tout naturellement de la séparation qui existe entre l'atelier et le département des affaires.

Les modifications d'outillage sont généralement décidées par la direction de l'atelier, qui examine avec soin la qualité du travail obtenu et le prix par pièce. Personne ne s'inquiète de la relation qui doit exister entre le prix net de la main-d'œuvre et le bénéfice.

Le prix de revient du produit d'un atelier ordinaire de construction de machines, peut être divisé en trois parties à peu près égales. La matière, la main-d'œuvre, et les frais généraux, ou en quatre parties égales si l'on y comprend un intérêt raisonnable du capital engagé.

La matière première est la fonte, l'acier et les autres matériaux entrant dans la construction de la machine, pris dans l'état dans lequel ils sont habituellement reçus par l'atelier.

Les frais généraux comprennent toutes les dépenses de salaire nécessaires pour l'entretien de l'usine et de ses dépendances.

Les salaires des hommes qui conduisent les machines-outils ne sont que la moitié environ de la somme payée aux ouvriers ; l'autre moitié est relative aux travaux tels : qu'ajustages à la main, montages, manutention, etc. Par conséquent, la dépense du travail de machine est environ le sixième ou le huitième de la dépense totale.

En plus du prix net du produit, il faut compter un bénéfice. S'il n'y a pas de bénéfice, il faut souhaiter qu'une « explication » se produise le plus tôt possible.

S'il y a un bénéfice, il est forcément proportionnel à l'importance de la production.

Les deux éléments dont il est absolument indispensable de tenir compte, sont donc l'importance de la production et la dépense de main-d'œuvre.

L'importance du bénéfice par unité de production n'est généralement pas connue de l'atelier d'usinage. Mais même sans lui faire connaître le chiffre de ce bénéfice, il n'y a pas de raison pour lui laisser ignorer l'importance qu'exerce une grande production sur la réduction des frais généraux.

Immobilisation du capital par les matières en usinage.

La valeur du capital immobilisé en : matières premières, fournitures, pièces en usinage et produits finis, ne doit pas être plus grande que ce qui est nécessaire pour obtenir la plus grande production possible par dollar immobilisé.

Dans le monde de la construction des machines, un marché régulier et de longue durée, pour un type de machine quel qu'il soit, n'existe pas. C'est pour cette raison que l'idée de construire des locomotives, des automobiles ou des machines à imprimer par les méthodes employées pour la construction des montres ou des machines à coudre, est tout au moins prématurée.

C'est aussi pour cette raison que les approvisionnements de matière ne doivent pas, nécessairement, être considérés

comme insuffisants s'ils paraissent être faits par le système
« de la main à la bouche ». La ligne qui sépare les approvisionnements excessifs des approvisionnements insuffisants,
doit être tirée avec soin dans chaque cas particulier.

Il faut acheter les matières brutes par quantités raison-
nables, eu égard aux prix, qui varient avec les quantités,
mais il faut toujours tenir compte de l'importance du capital
immobilisé dans l'opération. Tout l'excédent représente
autant de capital en plus, risqué inutilement dans l'affaire.

Il faut que l'atelier soit constamment approvisionné de
matière. Les pièces en cours d'usinage doivent s'écouler
dans l'atelier en un ruisseau rapide mais de petit volume. La
quantité ne doit pas être plus grande qu'il n'est absolument
nécessaire pour alimenter d'une façon continue le travail
des ouvriers, comprenant les ouvriers du montage et les
employés de la vente.

Un approvisionnement excessif de telle ou telle pièce, ou
de toutes les pièces, représente autant de capital stagnant.
Cet approvisionnement exerce une influence alourdissante
sur la direction : C'est souvent le commencement du désordre.

Un atelier peut marcher presque sans direction si on lui
donne toute latitude en ce qui concerne les approvisionnements de matières brutes, en usinage ou usinées. Dans ce
cas, il n'est pas nécessaire de se donner beaucoup de peine
pour les achats de matériaux ou pour l'établissement des
commandes d'atelier. Il suffit alors de pousser l'usinage des
pièces qui « se trouvent » « manquer », et pendant ce temps-
là, on laisse se produire, sans s'en inquiéter, l'accumulation
des pièces dont on n'a pas besoin.

Ne croyez pas qu'il soit rare de voir tout cela se produire
sous une même direction.

On montre avec orgueil d'immenses magasins de pièces
finies, sans penser un instant que chaque dollar d'approvi-

sionnement inutile dans les casiers du magasin, chaque dollar de travail inutile dans l'atelier, représente de l'argent qui ne produit pas et une mauvaise direction.

Si cet argent doit continuer à figurer au capital de l'affaire, il faut changer de système pour qu'il soit employé là où il donnera le plus grand profit.

L'importance excessive des matières en cours d'usinage résulte quelquefois de ce qu'on s'est lancé à la recherche du progrès, mais aveuglément, et sans s'apercevoir qu'on a immobilisé autant d'argent dans les matières en cours d'usinage qu'on en a immobilisé dans les machines-outils et autres.

Il est de la plus grande importance qu'un outillage facilement adaptable, permette de réduire les approvisionnements en réduisant les immobilisations qu'entraîne l'usinage.

On trouve aujourd'hui sans peine des machines qui s'adaptent à différents travaux, ce sont celles qui permettent d'obtenir la plus grande production par dollar du capital.

L'usine moderne doit donc faire un bon emploi de son capital, en utilisant bien les machines modernes.

TABLE DES MATIÈRES

Subdivision du travail et spécialisation. — La répétition n'est
pas forcément dégradante. — Le succès dépend plus de l'homme
que du système. — Les systèmes sont des moyens et non des
fins. — Progrès résultant de l'invention. — La vente du produit.

On peut créer de nouvelles habitudes. — Le rendement de l'organisation. — Objections auxquelles la spécialisation donne lieu. —
Valeur de l'habitude dans l'industrie. — Suivre les sentiers de
l'habitude. — L'inertie humaine. — Le bien être de l'homme et le
succès industriel. — Edifier sur l'habitude. — Il faut changer les
conditions défavorables. — Des différentes sortes d'hommes. — Il
faut ajuster la cheville à son trou. — La spécialisation. — Mauvais
emploi de l'énergie, là où la spécialisation n'est pas appliquée. —
Il faut tenir compte de l'esprit et du corps. — Le gaspillage de
l'énergie

Apprécier l'inertie à sa valeur. — Edifier sur de vieilles idées et
sur de vieilles habitudes. — Diriger l'énergie qui s'applique à la

9 782016 114964